AF758670

Inversión Inmobiliaria

Estrategias Para Construir Una Cartera Rentable De Propiedades De Inversión Con Conocimientos Sobre Análisis De Mercado, REITS, Gestión De Propiedades De Alquiler, Flipping, Impuestos Y Mucho Más.

Samuel Feron

Contenido

Introducción V

1. Conceptos básicos de la inversión inmobiliaria 1
   ¿Qué es el sector inmobiliario?
   Por qué el sector inmobiliario es una opción de inversión popular
   Tipos de inversiones inmobiliarias
   Riesgos de la inversión inmobiliaria
2. Análisis del mercado inmobiliario 13
   ¿Qué es un análisis del mercado inmobiliario?
   ¿Cuáles son las razones para realizar un análisis del mercado inmobiliario?
   Realización de un análisis de mercado para inversiones inmobiliarias
   Utilizar los datos para tomar decisiones informadas sobre inversiones inmobiliarias
3. Construir una cartera de propiedades de inversión 23
   ¿Qué significa cartera inmobiliaria?
   Desarrollar una estrategia de inversión inmobiliaria
   8 pasos para crear una cartera inmobiliaria
4. Fondos de inversión inmobiliaria (REITs) 40
   ¿Qué es un REIT?

¿Cómo funcionan los REIT?
Cómo invertir en distintos tipos de REIT

Pedido de ayuda 51

5. Gestión de alquileres 53
Opciones de gestión de propiedades en alquiler
Responsabilidades del arrendador
Cómo gestionar propiedades de alquiler

6. Invertir en propiedades con ánimo de lucro 61
Cómo funciona el Flipping
Encontrar propiedades para vender
Renovar propiedades para obtener el máximo beneficio
Cómo empezar a vender propiedades
Cómo maximizar los beneficios de las ventas

7. Fiscalidad e inversión inmobiliaria 71
¿A qué tipos de impuestos están sujetos los bienes inmuebles?
Impuestos sobre bienes inmuebles
Ventajas fiscales de la inversión inmobiliaria
Estrategias para reducir los impuestos de las inversiones inmobiliarias

Conclusión 84

Introducción

Una de las mejores formas de ganar dinero es a través de la inversión inmobiliaria, una elección acertada durante todo el año. Aun así, puede resultar difícil si se carece de conocimientos y orientación básicos, sobre todo si no se está familiarizado con la zona en la que se pretende invertir. Es mejor que los fondos de inversión, los depósitos a plazo fijo, las acciones y los bonos, pero podría destruir los ahorros de toda tu vida si no comprendes la normativa básica que controla este tipo de inversión.

El sector inmobiliario se está desarrollando y resulta tentador. El sector inmobiliario se ha convertido en un sector multimillonario y sigue siendo un aspecto crucial de la vida cotidiana. En resumen, ya sea en casa, en el trabajo, durante el tiempo de ocio, etc., todos comprendemos la importancia de tener un techo sobre nuestras cabezas, y estos techos se construyen con determinados materiales y cumplen funciones específicas. Para comprender el marco de la industria del mercado inmobiliario es necesario conocer los siguientes conceptos: economía, riesgo e inversión.

La inversión inmobiliaria tiene una filosofía bastante sencilla. El objetivo es poner dinero en inversiones y dejar que se desarrollen para disponer de más dinero. Todas las inversiones implican riesgos, pero el beneficio potencial debe compensar el riesgo. Consideremos como ejemplo el juego del Monopoly. Para tener éxito, hay que comprar casas, evitar declararse en quiebra y cobrar alquileres para pagar aún más casas. Ojalá todo fuera tan sencillo. Aunque la idea es similar en la vida real, cometer un error durante el proceso de inversión podría tener resultados desastrosos.

Cuando estés listo para empezar a invertir en el sector inmobiliario, deberás elegir un determinado tipo de bienes inmuebles. Este libro proporciona información sobre los tipos de inversiones inmobiliarias que mejor se adaptan a tus necesidades y objetivos. Tanto si eres un inversor principiante como si tienes experiencia, conocerás todos los pasos del proceso de inversión.

1

Conceptos básicos de la inversión inmobiliaria

El 60% de todos los activos del mundo se clasifican como "principales", y el sector inmobiliario representa una parte considerable de toda la riqueza nacional, empresarial e individual. En vista de ello, es obvio que cualquiera que busque clases de activos a los que asignar parte de su efectivo debería plantearse la inversión inmobiliaria.

Pero es necesario comprender los fundamentos de la inversión inmobiliaria antes de poder decidir si invertir o no en bienes inmuebles y cuál de las numerosas formas de bienes inmuebles tendría más sentido para ti.

Este capítulo pretende ofrecerte una introducción completa a la inversión inmobiliaria. En él se aborda la pregunta "¿Qué son los bienes inmuebles?", que incluso a algunos inversores inmobiliarios experimentados les resulta difícil responder adecuadamente.

¿Qué es el sector inmobiliario?

La inversión inmobiliaria consiste en la compra, propiedad, adquisición y administración de terrenos, inmuebles o cualquier otra cosa con fines lucrativos.

Los bienes inmuebles pueden ser una adición beneficiosa a una cartera de inversiones. Cada bien inmueble es diferente, y ya no se crean más. Sea cual sea el tipo de inversión inmobiliaria que elijas, los bienes inmuebles son una forma estupenda de aumentar el rendimiento de tu inversión.

Tanto si deseas ser un inversor muy práctico como si prefieres no intervenir, los inversores inmobiliarios disponen de una amplia variedad de opciones.

Por qué el sector inmobiliario es una opción de inversión popular

Los bienes inmuebles son una inversión muy sólida, ya que están respaldados por un activo tangible. Una propiedad de inversión suele mantener su valor y aumentar con el tiempo. Es improbable que sufras una pérdida total en una inversión inmobiliaria si pagas la hipoteca íntegramente cada mes y tienes el seguro adecuado.

Los bienes inmuebles pueden ser una opción segura para gastar el dinero que tanto te ha costado ganar en algo en constante demanda, porque la gente siempre necesitará un lugar donde vivir. Por lo tanto, no debería sorprender que los bienes inmuebles sean una inversión habitual hoy en día. Examinemos algunos de los factores adicionales que contribuyen a su popularidad:

Los inversores obtienen beneficios muy rápidamente

Los inversores inmobiliarios pueden empezar a ver el flujo de caja inmediatamente, dependiendo de la inversión y de cómo se haya obtenido (es decir, con o sin financiación). Por ejemplo, una inversión inmobiliaria llave en mano ya tiene un inquilino deseable y se ha reformado a fondo. Recibes tu primer cheque de alquiler al final del primer mes.

El capital y la revalorización a largo plazo crecen con el tiempo

Las inversiones inmobiliarias a largo plazo generan un flujo de caja mensual positivo y aumentan el patrimonio neto. Utilizas el alquiler de tu inquilino para pagar cada cuota de la hipoteca. En última instancia, cuando pagas una hipoteca con el dinero aportado por tu inquilino, estás haciendo que otra persona pague por tu inversión.

La segunda ventaja de un enfoque de inversión inmobiliaria a largo plazo es la revalorización. En la mayoría de los mercados, el valor de las propiedades aumenta con el tiempo. Zillow informa que el valor de los inmuebles en EE.UU. ha subido un 6,9% anual. Por lo tanto, la casa que compres ahora por 150.000 dólares podría valer 292.000 dólares dentro de diez años.

Baja barrera de entrada

Empezar como inversor inmobiliario no es tan difícil como parece. Para realizar tu primera inversión, no necesitas disponer de miles de dólares. Utilizar las diversas opciones de financiación disponibles es la clave del éxito para varios inversores inmobiliarios. Es posible que sólo necesites pagar un 20% de entrada por la casa para empezar a invertir en bienes inmuebles, y puedes financiar el 80% restante con una hipoteca a bajo interés. Si no puedes obtener una hipoteca, existen otras posibilidades, como los préstamos sin recurso, los préstamos de capital riesgo o incluso los préstamos personales. Para maximizar tus inversiones inmobiliarias, debes conocer tus alternativas de financiación.

Los inversores pueden recurrir al apalancamiento

Un inversor suele necesitar 100.000 dólares en efectivo para comprar acciones o fondos de inversión por valor de 100.000 dólares. Sin embargo, un inversor inmobiliario puede comprar una propiedad por valor de 100.000 dólares con sólo 20.000 dólares en efectivo y los 80.000 restantes mediante un préstamo.

Aunque algunas propiedades (piensa en los inversores en "arreglar y vender") podrían no cumplir los requisitos para una hipoteca normal, muchos inversores inmobiliarios pueden obtener varias hipotecas y ampliar sus carteras con tan sólo un 20% de entrada en cada vivienda. Como veremos con más detalle más adelante en este libro, los inversores inmobiliarios utilizan la financiación convencional para apalancar su efectivo disponible, de modo que puedan comprar propiedades adicionales y optimizar sus posibilidades de inversión.

Los bienes inmuebles tienen una baja barrera de entrada y un alto potencial de crecimiento y diversificación para una cartera. Los inversores pueden adquirir propiedades prácticamente en cualquier lugar utilizando recursos como empresas de gestión inmobiliaria de renombre.

Los inversores se benefician de las ventajas fiscales

Las desgravaciones fiscales en las que pueden ampararse los inversores inmobiliarios no están al alcance de otros inversores. Un inversor inmobiliario puede reclamar las siguientes deducciones: Intereses hipotecarios, amortización, impuestos sobre la propiedad, seguros, reparaciones y mantenimiento, y gastos de viaje por motivos profesionales.

Existen otras estrategias para evitar que una inversión inmobiliaria se hunda, como el uso de un intercambio 1031 para reducir los impuestos sobre las plusvalías. Las deducciones pueden dar lugar a un mayor flujo de caja positivo para el inversor y a una factura fiscal más baja.

El compromiso de tiempo puede ajustarse

Los inversores "llave en mano" se limitan a utilizar la inversión inmobiliaria como un ingreso pasivo adicional, mientras que los inversores en "arreglar y cambiar" y los inversores que actúan como administradores de propiedades hacen de la inversión su profesión a tiempo completo. Dependiendo de tu enfoque de inversión, necesitarás dedicar más o menos tiempo.

Los inversores pueden gestionar el riesgo

Seguro que has oído el refrán: "Cuanto mayor es el riesgo, mayor es la recompensa". Este proverbio ha resistido la prueba del tiempo y se aplica a la inversión inmobiliaria. Los activos de clase inferior pueden ofrecer mayores rendimientos sobre el papel, pero también conllevan un mayor riesgo de pérdida. Aunque los activos de clase superior suelen tener rendimientos más bajos, se consideran inversiones más seguras. Los inversores pueden elegir inversiones inmobiliarias en función de su tolerancia al riesgo, al igual que en el mercado de valores.

Tipos de inversiones inmobiliarias

Las inversiones inmobiliarias adoptan diversas formas, pero la mayoría pueden dividirse en dos grupos: Las inversiones inmobiliarias que no implican la propiedad de bienes físicos, como los REIT y las plataformas de crowdfunding, incluyen activos tangibles como terrenos, viviendas y edificios comerciales.

Los bienes inmuebles tradicionales y tangibles pueden producir un alto rendimiento de la inversión, pero también pueden conllevar importantes costes iniciales y recurrentes. Debido a los reducidos requisitos financieros de entrada de los REIT y las plataformas de crowdfunding, invertir en una variedad de bienes inmuebles es mucho más asequible que comprar incluso una sola propiedad tradicional. Otro beneficio de las inversiones inmobiliarias alternativas es la ventaja única de no tener que salir de casa ni ponerse ropa para empezar a invertir.

He aquí cinco tipos diferentes de inversiones inmobiliarias a tener en cuenta:

1. REIT:

Los fondos de inversión inmobiliaria (REIT) son propietarios de inmuebles comerciales (hoteles, oficinas y centros comerciales). Las acciones de estas empresas se pueden adquirir en bolsa. Puedes participar en los bienes inmuebles de estas empresas comprando un REIT sin asumir muchos de los riesgos que conlleva la propiedad directa de bienes inmuebles.

2. Plataformas de crowdfunding:

Las plataformas de crowdfunding inmobiliario ofrecen a los inversores acceso a empresas inmobiliarias que podrían reportar enormes beneficios, pero que también conllevan muchos riesgos. Algunas plataformas de crowdfunding solo son accesibles para inversores acreditados, que son aquellos que tienen un patrimonio neto de al menos un millón de dólares, o un patrimonio neto conjunto con un cónyuge, excluido el valor de su vivienda, o unos ingresos anuales de al menos 200.000 dólares en los dos años anteriores (300.000 dólares con un cónyuge).

3. Propiedad residencial:

La propiedad residencial incluye casas unifamiliares, condominios y propiedades vacacionales, casi cualquier lugar donde la gente vive o se aloja. Los inversores en inmuebles residenciales generan dinero cobrando alquileres a los inquilinos (o mensualidades en el caso de alquileres a corto plazo).

4. Propiedad comercial:

Un inmueble comercial es un local que una empresa alquila o arrienda. Los inmuebles comerciales incluyen restaurantes alquilados, gasolineras, galerías comerciales con múltiples negocios y edificios de oficinas alquilados por una sola empresa. Cada empresa pagaría un alquiler al propietario del inmueble, a menos que fuera propietaria absoluta del mismo.

5. Terrenos baldíos:

¿Vendrán si lo construyes? Los inversores suelen comprar el terreno para construir locales comerciales o viviendas.

Sin embargo, si tienes intención de urbanizar el terreno tú mismo, comprarlo para urbanizarlo implica realizar algunos estudios de mercado. La persona más adecuada para esta forma de inversión tiene una cantidad considerable de dinero para invertir, un conocimiento profundo de todo lo relacionado con el sector inmobiliario, incluidos los códigos de construcción, las leyes de zonificación, las llanuras aluviales y el conocimiento de los mercados regionales de alquiler residencial y comercial.

Riesgos de la inversión inmobiliaria

A la hora de invertir, la capacidad de reconocer el riesgo es esencial. En esta sección, hablaremos de numerosas áreas con importantes riesgos de inversión.

Riesgo de capital

Esto implica la pérdida de capital. La desventaja de una inversión es un factor que debe tenerse en cuenta al evaluar los riesgos del capital. ¿Cuánto dinero puede perder un inversor si las cosas empiezan a ir mal? El peor de los casos puede superar el desembolso inicial.

Los riesgos del capital pueden ir más allá del importe de la inversión inicial. ¿Ha invertido el inversor el 80% de su patrimonio neto? Si es así, existe un riesgo importante que podría suponer la ruina. El riesgo de ruina es una noción del comercio. Advierte contra la negociación de más del X% de tu capital para evitar hacer saltar por los aires tu cuenta. Los inversores inmobiliarios pueden utilizar esta idea para indicar que destinar una parte considerable del patrimonio neto a una inversión con un riesgo superior a la media puede acarrear pérdidas considerables.

La elección de una estrategia de salida entra dentro de la categoría de riesgo del capital. ¿Tienes un punto en el que es viable salir de la inversión si las cosas van en tu contra?

Además, es esencial controlar los gastos. ¿Cuáles son algunos gastos potenciales de alto coste pero de baja probabilidad? Estos gastos suelen incluirse en la categoría de gastos de capital, como un tejado con goteras o un sistema de calefacción, ventilación y aire acondicionado que no funcione correctamente.

Deuda

La inversión inmobiliaria suele recurrir a la financiación mediante deuda. Sin embargo, el tipo de financiación de la deuda es crucial. ¿Se trata de un préstamo sin recurso? En ese caso, el prestamista exigirá la incautación de la garantía en caso de impago.

Otro paso crucial es comprender las condiciones del acuerdo de deuda. Es posible que los prestamistas hayan incluido en el acuerdo ciertas cláusulas de endeudamiento. Si el prestatario desconoce estas cláusulas, puede violarlas y obtener resultados desfavorables.

Antes de solicitar un préstamo, el prestatario debe saber cuál será su ratio de cobertura de deuda. El ratio de cobertura de deuda revela cuánta deuda se amortiza con los ingresos por alquiler. Por ejemplo, un ratio de cobertura de deuda de 2,00 se aplica a una hipoteca de $1.000 al mes sobre una casa que se alquila por $2.000 al mes. Un convenio de préstamo puede contener un ratio mínimo de cobertura de deuda que el prestamista puede exigir que el inversor cumpla.

Responsabilidad

Se exige una amplia cobertura de seguro para las propiedades en caso de que alguien resulte herido en ellas. Pero el seguro no siempre lo paga todo. Los contratos son cruciales para abordar la mayoría de las demás cuestiones. Las costosas batallas legales pueden evitarse con la ayuda de una cláusula de arbitraje.

Además, ten en cuenta que debes presupuestar dinero para las deducciones del seguro.

Riesgo de liquidez

Incluso las empresas meticulosamente planificadas a veces no salen como se esperaba. A menudo se producen retrasos y sobrecostes. Un inversor puede necesitar descubrir rápidamente nuevas fuentes de financiación. Es una cuestión de liquidez. ¿Con qué rapidez puede un inversor generar fondos para gastos imprevistos pero urgentes?

Concertar un nuevo préstamo probablemente llevará demasiado tiempo. Es posible que los inversores no inviertan dinero extra en un proyecto. En ocasiones, los inversores pueden ser la única fuente de financiación. Sin embargo, la liquidez se convierte en un problema si el inversor ya ha realizado toda su inversión en el proyecto. Esto podría implicar que el inversor se vea obligado a vender una parte de sus activos (ilíquidos) a precios de saldo para conseguir dinero rápido.

El riesgo de ruina y la crisis de liquidez están estrechamente relacionados. Cuando se agotan los recursos líquidos y se invierte demasiado patrimonio neto en un proyecto, hay poca o ninguna tolerancia al error.

Riesgo de mercado

Las tendencias del mercado inmobiliario nacional y local están ligadas al riesgo de mercado. Todos los activos inmobiliarios de la economía pueden verse afectados si ésta se encuentra al borde de una recesión. Por otra parte, mientras que la economía puede estar funcionando bien, los mercados locales pueden estar atravesando una desaceleración.

Una sólida investigación a escala local y nacional puede ayudar en este sentido. Piensa en el aspecto que tendrá un barrio dentro de diez años en una zona local. ¿Cuáles son las tendencias actuales? ¿Hacia dónde se dirigen la delincuencia, los alquileres del mercado y las escuelas? ¿Los particulares cuidan y mejoran sus viviendas?

La diversificación de la propiedad puede disminuir el riesgo del mercado local, pero tiene un impacto limitado en la reducción del riesgo del mercado nacional. Cuantas más propiedades posea un propietario en varias zonas, menos probable será que las vacantes afecten a su cartera global.

Apalancamiento excesivo

El sobreapalancamiento es la práctica de pedir dinero prestado en relación con el valor de una inversión. Se recurre al endeudamiento cuando un inversor carece de capital para invertir en un proyecto o cuando un accionista pretende aumentar su rentabilidad.

El importe de la deuda se considera excesivo, lo cual es discutible y depende de cada situación. Sin embargo, un inversor se convierte en excesivamente apalancado cuando acumula deuda hasta el punto de que cualquier problema de flujo de caja podría impedirle hacer frente a los pagos del préstamo o conseguir dinero para cumplir un pacto de relación préstamo-valor (si la propiedad pierde valor).

El importe de la deuda inicial no es necesariamente el factor determinante del sobreapalancamiento. Dependiendo del tipo de préstamo, puede cambiar. Por ejemplo, un préstamo con un tipo de interés variable puede ver cómo los pagos aumentan hasta un nivel que el inversor no puede permitirse. El préstamo amortizable puede rescatarse si el inversor carece de fondos para devolver el préstamo. El inversor estaba sobreapalancado en ambas situaciones.

Los inversores que recurren a la financiación deben tener propiedades que produzcan ingresos constantes y fiables que puedan cubrir los costes del préstamo. Cualquier otra cosa podría exponer al inversor a un apalancamiento excesivo.

Una técnica eficaz de análisis de riesgos consiste en clasificar los distintos riesgos que puede entrañar una inversión inmobiliaria. Los inversores pueden evaluar primero el mayor riesgo y, si comprueban que no puede reducirse adecuadamente, pueden rechazar el proyecto. Esto es sustancialmente más rápido que repasar una lista más larga y desordenada de peligros.

2

Análisis del mercado inmobiliario

Un análisis del mercado inmobiliario ayuda a recopilar información para decidir si invertir en una propiedad o evaluar la posibilidad de alquilar una ciudad o zona. En realidad, realizar una compra de tal envergadura sin disponer de la información necesaria sería una locura.

El estudio de mercado es el primer paso de todo inversor antes de entrar en el mercado. El objetivo es confirmar que la propuesta es viable y que el mercado existente la acepta.

Un análisis exhaustivo del mercado inmobiliario requiere paciencia, algo que no todos los inversores inmobiliarios poseen. Debes estudiar si quieres que tu negocio inmobiliario destaque. Entonces, ¿en qué consiste el estudio del mercado inmobiliario?

¿Qué es un análisis del mercado inmobiliario?

El análisis del mercado inmobiliario, comúnmente denominado análisis comparativo de mercado, examina los valores de mercado actuales de propiedades comparables a la vivienda que deseas comprar o vender.

Siempre debe realizar un estudio del mercado inmobiliario, tanto si compras como si vendes una vivienda. Te ayudará a comprender el mercado actual, cuánto valen las viviendas comparables, si se trata de una propiedad de inversión, cuánto puedes cobrar de alquiler, etc.

Los agentes y corredores inmobiliarios elaboran informes para ayudar a los vendedores a fijar los precios de catálogo de sus propiedades y, con menos frecuencia, para ayudar a los compradores a hacer ofertas competitivas.

Los datos de los estudios de mercado inmobiliario ayudan tanto al vendedor a fijar el precio de venta como al comprador a determinar si el precio es justo.

¿Cuáles son las razones para realizar un análisis del mercado inmobiliario?

Te explicaré por qué debes realizar siempre un análisis del mercado inmobiliario, tanto si compras como si vendes una propiedad. Si se trata de una propiedad de inversión, este estudio también te mostrará cuánto puedes cobrar de alquiler y cuánto valen las casas idénticas a la tuya en el mercado inmobiliario actual.

Un análisis del mercado inmobiliario, a menudo conocido como CMA, proporciona datos que tanto el vendedor como el comprador pueden utilizar para determinar si el precio de venta es adecuado. Para garantizar que compradores y vendedores reciban un trato justo basado en el valor de la propiedad, siempre debe realizarse un CMA.

Puedes determinar con exactitud el precio de una vivienda evaluando propiedades comparables actualmente en el mercado.

Realización de un análisis de mercado para inversiones inmobiliarias

Al realizar un estudio del mercado inmobiliario, debes utilizar una estrategia sistemática y planificada. Puedes dividir tu análisis en cuatro categorías: mercado, oferta, demanda y entorno. A continuación, hay que formular las preguntas adecuadas.

El objetivo claro es evaluar el potencial del mercado y confirmar la viabilidad comercial del proyecto.

Primer paso: estudiar el mercado y su evolución:

Es fundamental adquirir primero una comprensión global del mercado. El objetivo es aumentar los conocimientos en este ámbito, incluidos el tamaño del mercado, las tendencias y la evolución probable.

A continuación se ilustra una lista de preguntas que deben hacerse al investigar el mercado y su curso de desarrollo previsto: ¿Cuál es el tamaño del mercado, concretamente en lo que se refiere a ventas, clientes y volumen de negocio?

¿Cuál es la situación actual del mercado? ¿Qué posibilidades hay en los próximos años? Un mercado puede estar en expansión o mantenerse igual. ¿Cuáles son las tendencias del sector en la actualidad? ¿Qué bienes y servicios se ofrecen en el mercado? ¿Quiénes son tus competidores principales o secundarios? ¿Qué ofrecen? ¿En qué se diferencian o se asemejan los productos y servicios que tú ofreces y los de tus competidores? ¿Cuáles son tus condiciones de compra? ¿Qué condiciones pueden ofrecerme mis proveedores potenciales y quiénes son?

Responder a estas preguntas te permitirá comprender mejor la situación del mercado y los agentes que intervienen en él.

Segundo paso: estudiar la demanda:

Los objetivos del estudio de la demanda son conocer a los consumidores del mercado y determinar si es posible obtener beneficios. A continuación se ofrece un ejemplo de una lista de preguntas a formular, al evaluar la demanda en un estudio del mercado inmobiliario: ¿Cuántos consumidores hay en este mercado? ¿Cómo está evolucionando esta cifra: aumenta, disminuye o se mantiene? ¿Quiénes son estos clientes en el sector inmobiliario, concretamente? ¿En qué ubicación se encuentran? ¿Cuál es el ritmo de consumo de los clientes? ¿A qué se dedican? ¿Qué factores influyen en la toma de decisiones de los clientes? ¿Cuál es el plan de gastos? ¿Qué factores son cruciales para impulsar una compra?

Tercer paso: analizar la propuesta:

El análisis de la propuesta implica examinar detenidamente qué productos y servicios ofrecen actualmente tus competidores. He aquí un ejemplo de lista de preguntas para reflexionar sobre la oferta: ¿Quiénes son los competidores del mercado? ¿Quiénes son los líderes del mercado entre las empresas? ¿Qué tamaño tienen los principales competidores? ¿Cómo eligen sus locales y dónde están ubicados? ¿Cuánto tiempo llevan en el mercado y cómo son sus finanzas? ¿Qué normas utilizan algunos competidores para tener más éxito que otros?

Puedes encontrar oportunidades para planificar tus futuros productos y adquirir ventajas competitivas examinando detenidamente las líneas de productos de tus competidores.

Un análisis del mercado inmobiliario te proporcionará una visión más profunda de lo que tiene éxito, lo que es necesario para triunfar y lo que ha fracasado.

Cuarto paso: estudiar el entorno y la ley:

El estudio de análisis del entorno examina todos los elementos que pueden influir en el mercado, como la normativa pertinente, los avances tecnológicos y otras posibles influencias.

He aquí un ejemplo de lista de preguntas que deben formularse al investigar el entorno. ¿Qué innovaciones afectan al mercado? ¿Cuál es el sistema jurídico que controla el mercado? ¿Existen leyes específicas para este sector? ¿Qué pautas puedes observar en el desarrollo de la legislación? ¿Influyen las organizaciones profesionales u otros agentes en el mercado?

Quinto paso: recopilación de datos:

Uno de los pasos más cruciales a la hora de realizar un análisis del mercado inmobiliario es la recopilación de datos, que te hará obtener detalles que te permitirán decidir si debes comprar una propiedad.

Empieza a recopilar los datos que necesitas para proteger tu inversión en el mercado inmobiliario realizando encuestas inmobiliarias.

Sexto paso: resumir los resultados:

Los inversores podrán realizar un análisis y elegir las mejores técnicas para asegurar la inversión si se les presenta un informe con la información recopilada.

La visualización de datos en tiempo real que ofrece el software de encuestas permite analizar previamente la información y crear un informe en el que se destaque la información más importante para que los interesados puedan verla y tomar mejores decisiones.

¡Toma las decisiones adecuadas con la ayuda de los datos para empezar a despuntar en el sector inmobiliario!

Utilizar los datos para tomar decisiones informadas sobre inversiones inmobiliarias

Además de lucrativo, el sector de la inversión también es despiadado, implacable y volátil. Es poco probable que descubras sus ventajas si no eres inteligente, dinámico y analítico. El sector inmobiliario es complicado, y numerosos riesgos podrían tener implicaciones negativas de gran alcance.

Las estadísticas han proporcionado una visión útil de los criterios de lo que constituye una inversión inmobiliaria de éxito en una era en la que tenemos acceso a una gran cantidad de datos.

Un porcentaje significativo de la incertidumbre en la inversión inmobiliaria se elimina mediante el análisis de los datos de las propiedades. Para anticipar eficazmente el potencial de inversión de un suburbio, es crucial tener en cuenta varios conjuntos de estadísticas, porque los datos tomados por sí solos pueden ser perjudiciales y fácilmente malinterpretados. ¿Cuáles son esos puntos?

Antes de entrar en los detalles de cada conjunto de datos, es fundamental reconocer que saber cuándo invertir nos dirá dónde hacerlo. Ubicación, ubicación, ubicación: este dicho sobre el sector inmobiliario se ha repetido hasta la saciedad. Sin embargo, la mayoría de los inversores primerizos se centran en los suburbios cercanos al lugar donde residen actualmente, lo cual es un enfoque incorrecto. Es esencial adoptar una estrategia nacional para acceder a los mayores mercados de inversión; hacerlo te proporcionará acceso a oportunidades en mercados que se encuentran en puntos más ventajosos del ciclo inmobiliario, desde los suburbios cercanos a tu lugar de residencia hasta los mercados de ámbito nacional.

Para identificar estos suburbios hay que tener en cuenta muchos parámetros macroeconómicos, como el crecimiento de la población, la inversión en infraestructuras, el crecimiento del empleo, el crecimiento de los salarios, la oferta futura de viviendas frente a la demanda subyacente, la asequibilidad, el PIB de la AGL, etc. Profundizar en los hechos ayudará a determinar cuándo entrar en este sector. Estos factores te indicarán con seguridad dónde invertir.

Consideremos como ejemplo la construcción de una línea de tren. ¿Cuándo subirían los precios? ¿Cuándo se anuncia un proyecto, cuándo se inicia, cuándo se termina, o dos años después, cuando la comunidad está gritando sobre el viaje disminuido al trabajo?

Entonces, ¿cómo se puede elegir el momento ideal para invertir en un suburbio concreto?

En su forma más básica, el mercado inmobiliario puede dividirse en tres categorías: mercado de compradores, mercado de vendedores o equilibrio, ya que oscila entre ambos. Un inversor potencial aún puede asegurarse una posición en el mercado comprando la transición de un mercado de compradores a un mercado de vendedores, disfrutando al mismo tiempo del crecimiento de precios que se produce a medida que aumenta la demanda y el mercado se vuelve más favorable para los vendedores. Este periodo de transición no durará más de 10 o 12 semanas. ¿Qué tipo de datos hay que utilizar para detectar un mercado en transición?

Días en el mercado

Al analizar las medias móviles de 90 días de los cuatro periodos anteriores, el ritmo de cambio del indicador de días en el mercado de la periferia se estabilizó y posteriormente descendió, trimestre tras trimestre. El hecho de que las casas se vendan más rápidamente después de salir al mercado demuestra una mayor demanda por parte de los compradores. También sería útil comprender mejor la conexión entre las expectativas de los vendedores y las del mercado. En pocas palabras, la demanda supera a la oferta.

Descuento de proveedores

Cuando se analizan las medias móviles de 90 días de los últimos cuatro periodos, la tasa media de variación de la métrica de descuento de la periferia se ha estabilizado y está empezando a descender trimestre a trimestre. Esto sugiere que los vendedores pueden ser menos flexibles a la hora de fijar el precio con un nivel saludable de demanda de los consumidores.

Volúmenes de ventas

Al comparar los cambios trimestrales en las estadísticas de volumen de ventas de la periferia durante los cuatro periodos anteriores, las medias móviles de 90 días mostraron una tendencia constante al alza. Los volúmenes de ventas caen en un mercado de compradores porque la mayoría de los vendedores posponen la venta hasta que el mercado sea más favorable. Cuando esta tendencia cambia, y los criterios, como se ha mencionado antes, también cambian favorablemente, sugiere que más vendedores están poniendo sus propiedades en el mercado para aprovechar el alto nivel de interés de los compradores.

Rentabilidad bruta

La tasa de variación de la métrica de rendimiento bruto del suburbio ha aumentado al comparar la media móvil de 365 días con la media móvil de 90 días. Esto suele indicar que está aumentando el interés de los inquilinos por un lugar. Por lo general, se trata de posibles compradores, lo que lo convierte en un indicador adelantado de la demanda de compradores potenciales.

Tasas de vacantes

La tasa de vacantes de la zona es inferior al valor medio de la línea de tendencia a largo plazo (últimos cinco años). Esto sugiere un mercado de alquiler ajustado, lo que es crucial para los inversores porque la propiedad debe ser fácil de alquilar. Una señal de ello es cuando la oferta es insuficiente para satisfacer la demanda.

Un inversor potencial debe dar una ponderación a cada puntuación para cada criterio. Es vital considerar los datos mencionados anteriormente en su contexto. Incluso si un suburbio es más pobre en una categoría concreta, puede seguir siendo un lugar de inversión inteligente.

Al final, un porcentaje considerable del riesgo asociado a la inversión inmobiliaria puede eliminarse utilizando eficazmente los datos de que disponemos actualmente. Es probable encontrar mercados en el punto adecuado del ciclo analizando conjuntos de datos y estadísticas que sean significativos, y muestren al inversor dónde invertir. El principal indicador de la ubicación es el momento oportuno.

Comprar y mantener sigue siendo la estrategia de inversión más segura y eficaz, en la que la sincronización con el mercado es menos importante que el tiempo en el mercado.

3

Construir una cartera de propiedades de inversión

¿Te gustaría saber cómo puedes crear una cartera de propiedades? Dada la abundancia de posibilidades disponibles, entrar en este sector no es fácil. Pero gracias a nuestra posición única en el sector de la inversión inmobiliaria y al continuo análisis del mercado, podemos orientar las inversiones y crear carteras rentables.

Conocer los entresijos necesarios para establecer una cartera inmobiliaria con éxito es crucial si deseas hacerlo. Este capítulo repasa toda la información que necesitas para tener éxito como arrendador de carteras inmobiliarias.

¿Qué significa cartera inmobiliaria?

Una cartera de inversiones inmobiliarias es un grupo de activos propiedad de una persona, un grupo o una empresa utilizados para producir ingresos pasivos a largo plazo. Puede incluir bienes inmuebles alquilados a inquilinos a largo o corto plazo en los sectores residencial, comercial e industrial.

El objetivo principal de invertir en una cartera de propiedades de compra para alquiler es producir ingresos pasivos para el inversor. Esto puede lograrse manteniendo las propiedades durante un periodo prolongado, permitiendo que aumenten de valor con el tiempo y, finalmente, vendiéndolas para obtener un beneficio. El inversor puede decidir alquilar las propiedades como medio adicional de obtener beneficios de sus inversiones.

Una cartera de inversiones inmobiliarias bien gestionada debería generar ingresos constantes y contribuir a la acumulación de riqueza.

Aunque una sola propiedad de inversión puede producir unos ingresos constantes y predecibles, tener varias propiedades, especialmente diversas, puede ofrecer un buen flujo de caja, que posiblemente te permita jubilarte anticipadamente.

Desarrollar una estrategia de inversión inmobiliaria

Ser propietario de un inmueble es una estrategia excelente para diversificar una cartera de inversión con una participación que produce rendimientos iguales a los del mercado bursátil pero con menos volatilidad. Además, los inmuebles residenciales ofrecen a los inversores ventajas fiscales especiales, y los inversores pueden emplear el apalancamiento para aumentar los rendimientos globales.

Los inversores disponen de numerosas formas de beneficiarse de los bienes inmuebles, aunque la más popular es la propiedad directa de propiedades de inversión. He aquí 10 estrategias de inversión inmobiliaria que utilizan inversores experimentados y novatos.

1. Comprar y mantener propiedades en alquiler:

La compra y tenencia de propiedades es una estrategia de inversión inmobiliaria utilizada para generar ingresos por alquiler, beneficiarse del crecimiento del valor de la propiedad a largo plazo y aprovechar las ventajas fiscales especiales disponibles para los inversores inmobiliarios.

En los últimos 20 años, el precio medio de venta de las propiedades vendidas en EE.UU. ha subido casi un 200%, y la demanda de viviendas de alquiler sigue siendo alta. Aun así, los ingresos netos de las propiedades de alquiler pueden variar debido al mantenimiento, las reparaciones o las posibles desocupaciones, y algunos inversores podrían desear un enfoque más pasivo de la inversión.

2. Reinvertir los ingresos del alquiler:

Muchos inversores inmobiliarios que compran y conservan adoptan el enfoque complementario de reinvertir los ingresos por alquiler.

El flujo de caja neto de una propiedad de alquiler se conserva hasta que hay dinero suficiente para el pago inicial de una segunda propiedad de alquiler, una estrategia a menudo conocida como el "efecto bola de nieve". Entonces, hasta que haya suficiente dinero para una tercera propiedad de alquiler, se ahorra el flujo de caja neto de ambas propiedades.

La cantidad de dinero generada crece a medida que se amplía la cartera de propiedades de alquiler del inversor.

Para liquidar la hipoteca de una propiedad con mayor rapidez, algunos propietarios también reinvierten los ingresos por alquiler realizando pagos hipotecarios adicionales. El inversor realiza una refinanciación en efectivo para convertir el capital acumulado en efectivo para comprar otra propiedad de alquiler una vez que se dispone de suficiente capital procedente de la revalorización combinada y los pagos anticipados de la hipoteca.

3. House-Hacking:

Una desventaja de invertir en propiedades de alquiler es la posible necesidad de un pago inicial considerable. Los propietarios que aún no disponen de suficiente dinero para comprar una vivienda de alquiler utilizan una estrategia de inversión inmobiliaria denominada "house-hacking".

El alquiler de una habitación libre o la conversión de un sótano en un estudio son dos ejemplos de esta estrategia. Los ahorros obtenidos de los alquileres se utilizan como pago inicial de propiedades de alquiler hasta que se disponga de fondos.

Algunos inversores también emplean un préstamo de bajo desembolso inicial de la Administración Federal de la Vivienda (FHA) o de Asuntos de Veteranos (VA) para comprar una pequeña propiedad multifamiliar. El requisito de que el prestatario resida en una de las unidades como residencia principal es una de las posibles desventajas de esta estrategia. Sin embargo, residir junto a los inquilinos es una gran oportunidad para aprender sobre inversión inmobiliaria y obtener experiencia práctica en gestión de propiedades.

4. BRRRR:

BRRRR significa Comprar (Buy), Rehabilitar (Rehab), Alquilar (Rent), Refinanciar (Refinance), Repetir (Repeat). Los inversores inmobiliarios utilizan el método BRRRR para comprar propiedades de segunda mano utilizando financiación a corto plazo, realizar las reparaciones necesarias, alquilar las propiedades a inquilinos cualificados y, a continuación, refinanciar y retirar efectivo una vez que las propiedades tienen un historial estable de flujo de caja positivo.

El enfoque de inversión inmobiliaria BRRRR es comparable al efecto bola de nieve en el sentido de que un inversor repite la misma acción. El BRRRR suele ser una opción más ventajosa para un inversor activo que disponga del tiempo y los conocimientos necesarios para llevar a cabo las tareas o que cuente con una red fiable y rentable de contratistas que le ayuden en la renovación.

La financiación a corto plazo suele conllevar comisiones y tipos de interés elevados, por lo que el inversor debe tener cuidado de no quedarse sin liquidez hasta que la propiedad empiece a generar beneficios. Esta es una de las desventajas del BRRRR.

5. Arreglar y vender/Flipping:

Si todo va según lo previsto, el cambio de casa es una técnica de inversión inmobiliaria de alto riesgo con un beneficio potencialmente elevado.

Dado que sólo pretenden mantener una propiedad durante un breve periodo de tiempo, los inversores que arreglan y venden propiedades no quieren ser arrendadores. Un inversor puede quedarse con una propiedad infravalorada y esperar beneficiarse de la revalorización después de encontrarla y comprarla. También puede realizar mejoras estratégicas para aumentar el valor de la propiedad.

Los inversores que no pueden vender una casa rápidamente o subestiman el coste de las reformas pueden quedarse sin dinero. Arreglar y vender una casa es lo más adecuado para quienes tienen mucha experiencia en determinar el valor justo de mercado de una casa, el coste real de las reformas y fondos suficientes para completar el proyecto en el plazo previsto y por debajo del presupuesto.

6. Venta al por mayor de bienes inmuebles:

La venta de inmuebles al por mayor es una versión del "flipping", una técnica de inversión en la que el mayorista nunca se hace cargo del inmueble.

Como alternativa, un mayorista inmobiliario busca una propiedad en dificultades con un vendedor inspirado, contrata la casa con un descuento, determina el coste de las reparaciones y el valor justo final de mercado de la propiedad y, a continuación, cede el acuerdo de compraventa a otro inversor a cambio de una pequeña comisión al por mayor.

Para que la venta de inmuebles al por mayor sea eficaz, se necesita mucho esfuerzo, experiencia en el mercado y grandes dotes de negociación para convencer a un propietario de que venda su casa por menos del valor justo de mercado. En muchos estados, un mayorista inmobiliario debe tener también una licencia.

La venta de inmuebles al por mayor puede ser un buen plan de inversión para quienes disponen de un capital de inversión limitado. Algunos mayoristas inmobiliarios experimentados emplean "perros pajareros inmobiliarios" para encontrar una propiedad en apuros y, cuando la localizan, dan al perro pajarero una pequeña comisión por recomendación.

7. REIG:

Pequeños fondos denominados grupos de inversión inmobiliaria (REIG) compran agrupaciones de propiedades de alquiler y luego dejan que los inversores compren esas propiedades al grupo.

El REIG gestiona la comercialización de las propiedades vacantes, la selección de los inquilinos, el cobro de los alquileres, la gestión de la propiedad y el mantenimiento a cambio de una parte de los ingresos mensuales por alquiler. Cuando se venden las propiedades del grupo, los inversores de un REIG se benefician de su parte del crecimiento del capital y de los ingresos recurrentes por alquiler.

Las personas que buscan una estrategia de inversión inmobiliaria sin intervención pueden encontrar una alternativa viable en un REIG. Aun así, es importante examinar la gestión y sus antecedentes de éxito o fracaso.

8. REIT:

Los fondos de inversión inmobiliaria (REIT, por sus siglas en inglés) invierten en diversos activos inmobiliarios, como inmuebles comerciales, subdivisiones residenciales de construcción para alquilar (BTR, por sus siglas en inglés) o propiedades de uso especial, como centros de datos e instalaciones de almacenamiento en frío, que pueden ser empresas públicas o privadas.

Al menos el 90% de los beneficios de los REIT deben distribuirse como dividendos a los accionistas. Pueden ser una estrategia útil para diversificar una cartera de inversiones y ganar dinero con el sector inmobiliario sin poseer ningún inmueble. Los arrendamientos a largo plazo con inquilinos solventes son habituales en los activos con grado de inversión propiedad de un REIT. Los REIT que cotizan en bolsa son más líquidos que otras inversiones inmobiliarias porque sus acciones pueden comprarse o venderse en bolsa.

Sin embargo, los REIT no ofrecen algunas de las ventajas de poseer directamente una propiedad en alquiler, como tener control directo sobre las decisiones relativas a la gestión de la propiedad.

9. Crowdfunding:

Las plataformas de inversión inmobiliaria en línea denominadas crowdfunds permiten a los inversores reunir su dinero en efectivo para adquirir participaciones en propiedades comerciales y residenciales de primera calidad, como viviendas de nueva construcción, complejos de apartamentos e inmuebles comerciales estabilizados.

El crowdfunding puede ser un gran método para acceder a propiedades que están fuera del alcance de la mayoría de los inversores. Si un proyecto es lucrativo, los inversores de crowdfunding obtendrán distribuciones prorrateadas periódicas de los ingresos netos junto con una parte de los beneficios.

Las acciones suelen tener periodos de bloqueo hasta que un proyecto es estable o durante la inestabilidad económica, que es una de las desventajas del crowdfunding. Para encontrar perspectivas rentables, financiar y construir el proyecto, y arrendar y gestionar la propiedad para aumentar el valor de los activos y el flujo de caja, los inversores también deben confiar en la experiencia del patrocinador del crowdfunding.

10. Préstamos privados:

Los prestamistas privados financian préstamos inmobiliarios en lugar de invertir en acciones. Los prestamistas privados dan dinero a los inversores inmobiliarios que buscan una alternativa a las fuentes de financiación convencionales, como los constructores de viviendas, en lugar de comprar propiedades de alquiler.

Al igual que un banco típico, los prestamistas privados generan ingresos a través de las comisiones de préstamo y los tipos de interés. Pero, por lo general, los costes y los tipos de interés son más elevados.

Aunque los préstamos privados pueden ser una estrategia maravillosa para obtener ingresos constantes por intereses, existe la posibilidad de que un prestatario incumpla y el prestamista tenga que recuperar una vivienda parcialmente reformada. Por ello, los prestamistas privados tienen conocimientos de inversión inmobiliaria y saben cómo salvaguardarse en caso de que haya que ejecutar la hipoteca de una propiedad.

8 pasos para crear una cartera inmobiliaria

Aunque estés familiarizado con la inversión inmobiliaria, la gestión de inquilinos, la diversificación de tus participaciones y el crecimiento de una cartera pueden abrumarte. Las carteras inmobiliarias son una estrategia de inversión a largo plazo que puede generar ingresos constantes si se utiliza adecuadamente.

Estas son nuestras principales recomendaciones para iniciar, ampliar y mantener una cartera inmobiliaria:

1. Investigación de mercado y búsqueda de asesoramiento:

Conocer el tipo de propiedades disponibles, qué zonas tienen demanda y cuánto necesitarás invertir es una de las primeras etapas para desarrollar una cartera sólida. Prioriza tu estudio antes de invertir para asegurarte de que comprendes a fondo los costes y el valor que añadirán a tu cartera.

A la hora de planificar, debes investigar en las siguientes áreas:

- **Las estrategias inmobiliarias disponibles** - Es crucial darte cuenta de que son muchas las variables que afectan al camino que debes tomar al evaluar la propiedad como opción de inversión. En lo que decidas invertir influirán tu situación financiera, tus objetivos, el horizonte temporal de tus inversiones y tus preferencias. En primer lugar, decide si deseas invertir en inmuebles comerciales o residenciales. A continuación, investiga más sobre HMO, construcción para alquilar, viviendas sociales y viviendas para estudiantes en el sector de la compra para alquilar. Averigua qué estrategia reduciría el riesgo y garantizaría el mejor rendimiento de la inversión a lo largo del tiempo.

- **Tipo de inquilino y demanda de alquiler** - Antes de promocionar un inmueble de alquiler, ten en cuenta la demanda de alquiler y el tipo de inquilinos. ¿Quieres inquilinos que piensen marcharse a los pocos meses o que se queden a largo plazo? ¿Está la ubicación de tu negocio en un barrio de moda que atrae a jóvenes profesionales, o en una región más residencial que acoge a familias? Una vez que hayas determinado el tipo de inquilino que quieres, es esencial tener en cuenta las instalaciones locales y las opciones de transporte. La probabilidad de periodos vacíos disminuye a medida que la zona se va poblando.

- **Precio de compra y gastos corrientes** - Antes de invertir en una propiedad de compra para alquilar, asegúrate de que tus opciones de financiación cubrirán todos los gastos asociados con el mantenimiento, la reparación y la remodelación de la propiedad, incluido el precio de compra y los gastos corrientes. Además, hay que tener en cuenta gastos como el impuesto del timbre, seguros, impuestos, empresas de gestión inmobiliaria, agentes inmobiliarios y otros. Tu asequibilidad será más fácil si consultas a un asesor financiero.

- **Puntos calientes del rendimiento del alquiler** - Para conocer los posibles ingresos por alquiler, el propietario debe examinar el rendimiento medio de los alquileres en la ciudad elegida. La renta anual de alquiler de un inmueble se calcula dividiendo la renta anual de alquiler por el valor anual del inmueble. Con la ayuda de esta información, podrás decidir qué tipo de inmueble te convendría comprar y alquilar. También debes examinar los costes medios de la vivienda y del alquiler en el barrio para asegurarte una rentabilidad sólida y una alta probabilidad de crecimiento del capital.

2. Establece objetivos y planes a largo plazo:

Antes de decidirte a comprar tu primera vivienda de alquiler, es bueno plantearte tus objetivos a largo plazo.

¿Prefieres beneficiarte del crecimiento del capital cuando vendas la vivienda en lugar de los rendimientos mensuales de los ingresos por alquiler? Puede que necesites conservar tu propiedad durante mucho tiempo, alquilándola durante ese tiempo, para ver cómo aumenta su valor.

También hay que tener en cuenta el tiempo que debes dedicar a tu empresa inmobiliaria. Si hay una vacante, decide si quieres ser un propietario práctico que se ocupe de los problemas de mantenimiento, busca inquilinos y cobra el alquiler. Un agente de alquileres y gestión también puede ocuparse de ello por ti. Tú puedes concentrarte en tu trabajo actual, tu negocio o tus objetivos de jubilación.

No olvides tener en cuenta tus responsabilidades legales como arrendador y los posibles impuestos por compra de vivienda.

3. Construye tu cartera gradualmente empezando por poco:

Al iniciar tu camino en la inversión inmobiliaria, nada es más crucial que hacer una elección sensata para tu primera propiedad.

Adquirir varias propiedades a la vez puede ser tentador a la hora de comprar tu primera vivienda para maximizar tu rentabilidad. Pero empezar con cautela y pensando mucho es importante para construir una cartera considerable a largo plazo.

Para los nuevos inversores, lo mejor es una opción de bajo riesgo. Tendrás más posibilidades de tener éxito como arrendador y ampliar rápidamente tu cartera si eliges una propiedad que necesite poco mantenimiento o reparaciones.

4. Considera una empresa limitada:

Cuando se poseen varias propiedades, se puede descubrir que convertirse en una sociedad limitada es mejor para el pago de impuestos. Los impuestos de sociedades son más bajos que los impuestos individuales debido a los tipos más altos del impuesto sobre la renta. Esto implica que al constituir una sociedad limitada, puedes mantener tus beneficios dentro de la empresa y utilizarlos para pagar futuras compras sin pagar el impuesto sobre la renta.

Al recibir una mayor protección fiscal, muchos arrendadores optan por registrar sus propiedades como sociedades limitadas: Si vendes uno de tus inmuebles, no generarás una plusvalía si conservas los beneficios dentro de la empresa, evitando así el impuesto sobre plusvalías.

5. Compra viviendas fuera del plan:

Por varias razones, vale la pena invertir en inmuebles para comprar y alquilar sobre plano.

En primer lugar, una vez finalizada la construcción, es probable que aumente el valor de la propiedad desde la fase de planificación. Puedes aprovechar este aumento de valor si compras inmediatamente en lugar de esperar a que finalice la construcción.

En segundo lugar, comprar una propiedad antes de que finalice la construcción te permite negociar con el promotor para obtener un mejor valor. Puedes obtener descuentos en las inversiones o condiciones más atractivas.

Por último, la compra de inmuebles sobre plano te permite asegurar tu inversión antes que nadie, reduciendo la probabilidad de que otra parte la adquiera antes de que comience la urbanización.

6. Contrata a un administrador de fincas:

La gestión de tus propiedades en alquiler puede resultar onerosa a medida que se acumulan más obligaciones mientras tratas de expandir tu imperio inmobiliario. La necesidad de contratar a terceros para la gestión de la propiedad aumenta a medida que crece tu cartera. Esto ayuda a garantizar que se cumplan todas las responsabilidades que impone la ley y que todos los inquilinos y propiedades reciban el grado de atención requerido.

Una de las tareas de un administrador de fincas puede ser organizar y supervisar el mantenimiento y las órdenes de trabajo, conseguir a contratistas para realizar las tareas de mantenimiento y las reparaciones, gestionar las quejas de los inquilinos, comercializar eficazmente las propiedades vacías, organizar las visitas y el papeleo para los nuevos inquilinos y depositar el cobro de los alquileres en tu cuenta.

Los administradores de fincas suelen obtener entre el 8 y el 12% de tus ingresos por alquiler. Aunque contratar asistencia puede reducir tus ingresos totales, también puede permitirte disponer de más tiempo, la oportunidad de comprar más propiedades y libertad de horarios.

7. Reduce tus inversiones inmobiliarias:

Una vez que hayas adquirido el control de tu primera propiedad, hayas empezado a generar unos ingresos fiables y te hayas establecido como un profesional en el negocio de la inversión inmobiliaria, ha llegado el momento de ampliar tu cartera de propiedades inmobiliarias.

Puedes comprar terrenos, reconvertir edificios, edificios de varias unidades, viviendas sobre plano o construcciones completamente nuevas. Debes consultar a tu asesor de inversiones y a tu contable para elegir la segunda vivienda adecuada.

Puedes crecer rápidamente con la ayuda de soluciones financieras. Las empresas conjuntas y las asociaciones son una forma fiable y eficaz de acceder a los contactos, recursos y experiencia de otra persona, lo que mejora tu empresa inmobiliaria y tu potencial de crecimiento. Además, solicitar financiación inmobiliaria puede permitirte encontrar las propiedades de inversión que deseas.

8. Ten un plan de respaldo (una estrategia de salida):

Invertir en bienes inmuebles sin un plan de salida de la inversión puede ser arriesgado, ya que aumenta la probabilidad de que no se obtengan rendimientos significativos o de que no se recupere tanto como se invirtió.

Una estrategia de salida se aplica para reducir la probabilidad de fracaso y limitar los riesgos. Proporciona a los inversores un objetivo específico al que aspirar, orientando su calendario de inversión y sus proyecciones financieras. A continuación se enumeran algunas de las tácticas de salida más populares:

- **Enfoque temporal** - Esta estrategia de salida consiste en vender una sola propiedad (o varias) al cabo de un número predeterminado de años. Esto resulta ventajoso para las personas que pretenden vender cuando se acercan a la jubilación. Aun así, los inversores deben tener en cuenta las posibles obligaciones fiscales derivadas de la venta (esto modificará el beneficio total de la revalorización del capital).

- **Enfoque basado en el valor** - Los inversores pueden decidir un objetivo que quieren alcanzar en términos de valor y no de tiempo. Una vez que un inmueble alcanza un determinado valor, se vende para hacer sitio a otras inversiones más caras. Para planificar las subidas (o pérdidas) de valor, esta técnica requiere un seguimiento rutinario de las demandas de los inquilinos, los movimientos del mercado y las predicciones sobre la propiedad.

- **Estrategia de salida basada en el rendimiento** - Cuando se tiene la intención de vender un inmueble cuando el rendimiento medio desciende y ya no ofrece suficiente rentabilidad, se emplea una estrategia de salida basada en el rendimiento. Esta técnica puede aplicarse a cualquier tipo de propiedad, aunque los inmuebles residenciales y comerciales de varias unidades son los que mejor funcionan. El momento de vender surge cuando los rendimientos caen por debajo de un punto de corte específico.

4

Fondos de inversión inmobiliaria (REITs)

Cualquier cartera de renta variable o fija debería tener en cuenta los fondos de inversión inmobiliaria (REIT). Pueden ofrecer una mayor diversificación, mayores rendimientos totales posibles y un menor riesgo global.

En resumen, son un gran contrapunto a las acciones, los bonos y el efectivo, ya que pueden producir ingresos por dividendos y crecimiento del capital.

En la inversión en REIT intervienen los fondos de inversión inmobiliaria. Los activos comerciales que generan ingresos son propiedad y están gestionados por REIT, ya sean las propiedades en sí o las hipotecas que las garantizan.

Tienes tres opciones para invertir en REIT: a través de las empresas, de fondos cotizados en bolsa o de fondos de inversión. Existen numerosas variedades de REIT.

A continuación, examinaremos algunas de las principales categorías de REIT y cómo invertir en ellos. Al final de este capítulo, deberías saber más sobre la inversión en REIT en general, así como cuándo y qué comprar.

¿Qué es un REIT?

Si no estás seguro de lo que es la inversión en REIT, se trata de un plan de inversión colectiva que permite a los inversores comprar participaciones en una cartera de activos inmobiliarios que generan ingresos. Por si te lo estás preguntando, REIT son las siglas de Real Estate Investment Trust. Real Estate Investment Trust es una empresa que gestiona, posee o financia cualquier bien inmobiliario que genere ingresos. Los espacios de coworking en la era de la "economía de trabajo temporal" ejemplifican esto, donde, al igual que los fondos de inversión, los REIT reúnen el capital de múltiples inversores. De este modo, se comparten las inversiones y los dividendos sin necesidad de una gestión individual, a diferencia de las inversiones directas en bienes inmuebles, como la compra de una propiedad comercial. Los REIT permiten a los inversores tener una exposición sustancial a los activos inmobiliarios.

¿Cómo funcionan los REIT?

Dependiendo de la clasificación de los REIT, los inversores pueden elegir entre una amplia gama de fondos inmobiliarios, incluidos los Equity REIT y los Mortgage REIT. Los Equity REITs poseen propiedades como hoteles, tiendas, oficinas, condominios y otros tipos de bienes inmuebles, mientras que los REITs hipotecarios obtienen su dinero de los valores respaldados por hipotecas o de los intereses de los activos. En esencia, los REIT se basan en el desarrollo de infraestructuras, la gobernanza estructurada y el fomento de la inversión nacional e internacional para contribuir a una liquidación rápida y sin problemas de las inversiones inmobiliarias.

Cómo invertir en distintos tipos de REIT

Los inversores tienen muchas posibilidades a la hora de elegir un REIT para su cartera de inversiones. Antes de invertir, es esencial comprender los numerosos tipos de REIT a los que se puede acceder y sus características. Los inversores pueden invertir en tres tipos principales de REIT, además de las tres clasificaciones de REIT. Cada tipo sirve a un propósito diferente y puede ofrecer diversas ventajas. Los distintos tipos de REIT incluyen:

1. REIT hipotecario (mREIT):

Un REIT hipotecario, o mREIT, utiliza uno de estos dos enfoques para financiar activos inmobiliarios. Las hipotecas y otros tipos de préstamos inmobiliarios son una forma en que algunos mREIT proporcionan financiación directa. Otros compran o crean valores respaldados por hipotecas (MBS), valores respaldados por activos constituidos a partir de colecciones de hipotecas. Los bancos ofrecen préstamos empaquetados como MBS a los mREIT u otros inversores. Los mREIT pueden obtener sus hipotecas o valores a través de diversas fuentes de financiación, como acuerdos de recompra y financiación estructurada.

En ninguno de estos acuerdos, el mREIT posee activos inmobiliarios reales. En su lugar, los intereses de las inversiones proporcionan los ingresos. Los REIT respaldados por hipotecas (mREIT) prestan a otras personas para ayudarles a comprar, construir y poseer inmuebles comerciales que generen ingresos.

Los inversores reciben una parte proporcional de los beneficios del mREIT una vez cubiertos los gastos de explotación y los gastos financieros.

Las hipotecas residenciales, las hipotecas comerciales, los valores respaldados por hipotecas residenciales (RMBS) y los valores respaldados por hipotecas comerciales (CMBS) son sólo algunos de los activos inmobiliarios en los que pueden invertir los mREIT.

Aunque algunos mREITs también participan en RMBSs y CMBSs, la mayoría participa en ofertas de hipotecas residenciales o comerciales. Los mREITs generan ingresos al tiempo que ayudan al sector inmobiliario cobrando intereses por el dinero que prestan a los prestatarios que financian su adquisición de propiedades inmobiliarias residenciales o comerciales. Las hipotecas creadas por los mREIT pueden venderse a bancos, inversores o al gobierno.

Los inversores que piensen en los mREIT deben ser conscientes de varias variables que podrían afectar a su inversión:

- **Riesgo de tasa de interés** - El margen de interés neto de un mREIT, que es la diferencia entre los ingresos por intereses de sus activos hipotecarios y sus gastos de financiación, puede verse afectado por las variaciones de las tasas de interés. Si los mREITs mantienen hipotecas a tasa fija entre sus participaciones, la subida de las tasas de interés puede reducir significativamente el valor de esos títulos. Para controlar sus riesgos de tasas de interés y de crédito, varios mREIT utilizan estrategias de cobertura, como swaps, caps o floors de tipos de interés. Gracias a estas estrategias, las inversiones en mREITs pueden ser menos arriesgadas.

- **Volatilidad** - Los mREIT pueden ser más volátiles que otras formas de REIT en lo que respecta a las oscilaciones de precios. Esta volatilidad puede influir en el margen de interés neto del mREIT. Sin embargo, cuando el margen es amplio, los mREIT pueden tener un potencial de rendimiento significativo.

Los mREITs pueden ser privados, cotizar en bolsa o no cotizar en bolsa. Los inversores también pueden adquirir acciones de mREITs a través de un fondo de inversión o un fondo cotizado en bolsa (ETF). A continuación se explica cómo cada uno de estos canales puede permitir a los inversores adquirir acciones de mREITs:

- **Bolsa de valores** - Los mREIT que cotizan públicamente están a disposición de los inversores inmobiliarios en las principales bolsas de Estados Unidos. Al tratarse de REIT registrados en la SEC, deben publicar estados financieros con regularidad para que los inversores puedan evaluar sus rendimientos y resultados generales.

- **Un asesor o agente financiero** - Los inversores interesados en adquirir mREIT no cotizados en bolsa pueden hacerlo a través de un agente o asesor financiero que participe en la oferta del REIT. Unos pocos intermediarios ofrecen a los inversores acreditados mREIT privados.

- **ETF o fondos de inversión** - Los inversores pueden adquirir acciones de mREIT a través de una mutua o un fondo cotizado en bolsa (ETF).

2. Equity REIT (eREIT):

Un equity REIT, también conocido como eREIT, invierte en bienes inmuebles y gana dinero cobrando alquileres a los inquilinos. Los bienes inmuebles comerciales o residenciales son una opción de inversión para los eREIT. Durante sus operaciones comerciales, los eREIT llevan a cabo varias tareas, como el mantenimiento, la mejora y la gestión de sus propiedades inmobiliarias. Los administradores de propiedades que trabajan para los eREIT suelen gestionar estos activos físicos para los inversores. Como resultado de esta estructura, los eREITs son inversiones pasivas que tienen el potencial de producir grandes rendimientos a través de los ingresos por alquiler.

Los eREITs utilizan los pagos de alquileres para cubrir los gastos de funcionamiento de sus propiedades y los pagos de sus gestores inmobiliarios. Los ingresos netos del eREIT se distribuyen posteriormente a los inversores en forma de dividendos. Al igual que los mREITs, los eREITs deben distribuir al menos el 90% de sus ingresos netos a los inversores. La venta de propiedades es otra fuente de ingresos para los eREITs. Las distribuciones de plusvalías son la forma en que el eREIT paga ingresos a los inversores cuando puede vender una propiedad con beneficios. Dependiendo de la categoría de ingresos del inversor, el IRS grava las plusvalías al 0%, 15% o 20%, tasas inferiores a las de los ingresos ordinarios.

Muchos posibles inversores inmobiliarios se imaginan los eREITs al considerar un REIT. Estos REIT contribuyen a financiar iniciativas que fomentan el crecimiento del empleo, posibilitan servicios necesarios, desarrollan infraestructuras y apoyan el crecimiento económico. Estos REIT pueden encajar bien en una estrategia de inversión a largo plazo, como una centrada en el ahorro para la jubilación, porque dependen de los pagos de alquiler para obtener ingresos.

Almacenes, centros comerciales, edificios de oficinas, hoteles y complejos turísticos, residencias de ancianos, instalaciones de autoalmacenamiento, fábricas y complejos de apartamentos son sólo algunos de los activos inmobiliarios en los que invierten los eREIT.

A los inversores inmobiliarios que estén considerando los eREIT les puede resultar útil tener en cuenta algunas características específicas de este tipo de REIT que podrían influir en su enfoque de inversión:

- **Gastos operativos constantes** - Los ingresos del eREIT pueden verse afectados por los gastos relacionados con el arrendamiento y la gestión de inmuebles residenciales y comerciales.

- **Posibilidad de revalorización inmobiliaria** - Estas propiedades también pueden experimentar un crecimiento a largo plazo debido a la revalorización inmobiliaria. Aunque las oscilaciones del mercado repercuten en el valor de las propiedades, los inversores pueden observar un aumento constante del valor de las propiedades de un eREIT a lo largo del tiempo. Pero para que los eREITs se beneficien de la revalorización, las propiedades deben venderse. Los inversores tienen poco control sobre el proceso de revalorización inmobiliaria de las propiedades porque el gestor del eREIT está al mando.

- **Potencial de enormes ingresos** - Los ingresos por alquiler de los eREITs pueden ser muy lucrativos, dependiendo del mercado y de la estrategia de inversión elegida.

- **Potencialmente menos volátiles que los mREITs** - Los eREITs son más comunes que los mREITs porque operan con bienes inmuebles reales en lugar de hipotecas y pueden verse menos afectados por la situación económica y del mercado. Debido a su baja correlación con otros activos, como acciones y bonos, los eREIT también pueden ayudar a los inversores a diversificar sus carteras.

Los eREIT pueden ser REIT privados, PNLR o REIT que cotizan en bolsa. Algunos eREIT están especializados y se concentran únicamente en activos de determinados sectores, como las instalaciones de autoalmacenamiento o el sector sanitario, mientras que otros están más diversificados. Algunos eREIT se concentran en estrategias de inversión concretas. Una estrategia consistiría en comprar edificios inmobiliarios, por ejemplo, que requieran construcción o renovación antes de poder ser alquilados a inquilinos. Otra estrategia podría consistir en permitir únicamente a un eREIT la compra de edificios totalmente ocupados y que produzcan ingresos.

Dependiendo del tipo de eREIT que elijan, los inversores pueden invertir en un eREIT de las siguientes maneras:

- **Bolsa de valores** - Al igual que cuando se compran acciones de una empresa que cotiza en bolsa, los inversores pueden adquirir acciones de un eREIT que cotiza en bolsa a través de una bolsa de valores nacional. Los informes financieros que estos eREIT presentan a la SEC permiten a los inversores examinar el rendimiento de estas entidades.

- **Asesor financiero o corredor de bolsa** - Si los inversores desean adquirir eREIT públicos, no cotizados o privados, deben hacerlo a través de un agente o asesor financiero.

- **ETF o fondos de inversión** - Los inversores también pueden comprar acciones de eREITs cotizados en bolsa a través de un fondo de inversión o ETF dedicado a eREITs.

3. REIT híbrido:

Los eREIT y los mREIT se combinan para formar REIT híbridos. Los REIT híbridos emplean la estrategia de inversión de comprar tanto bienes inmuebles como hipotecas. Aunque siguen comprando ambos tipos, los REIT híbridos suelen invertir más en un tipo de inversión que en el otro. Estos REIT tienen más libertad para ajustar la asignación de su cartera en respuesta a los cambios en los tipos de interés, las condiciones del mercado y el valor de los inmuebles.

Al utilizar REIT híbridos, los inversores pueden beneficiarse de la tenencia de eREIT o mREIT al tiempo que reducen el riesgo total de la inversión. Por ejemplo, la subida de las tasas de interés y la caída del valor de los inmuebles son los principales riesgos de los eREIT. La caída de las tasas de interés también puede tener un efecto perjudicial sobre los ingresos que obtienen los mREITs. Los inversores pueden evitar algunos de los riesgos asociados a cada forma de inversión invirtiendo en REIT híbridos en los que la dirección del REIT gestiona activamente la diversidad de la cartera en respuesta a estas condiciones cambiantes.

Un REIT híbrido está obligado a cubrir los costes financieros de sus inversiones en hipotecas y MBS y los costes de explotación de sus inmuebles de alquiler. Los REIT híbridos también deben pagar al menos el 90% de sus ingresos netos como dividendos a los inversores, al igual que los mREIT y los eREIT.

Dependiendo de la estrategia del gestor del REIT, estos REIT pueden invertir en una combinación de los siguientes activos: edificios de fabricación, instalaciones de autoalmacenamiento, residencias de ancianos, edificios de apartamentos, instalaciones sanitarias, edificios de oficinas, centros comerciales, hipotecas residenciales o comerciales, MBS residenciales o comerciales.

Los inversores pueden participar en REIT híbridos si no tienen claro en qué activos inmobiliarios desean invertir o desean que el gestor del REIT gestione activamente la cartera del REIT a medida que cambien las condiciones del mercado. La capacidad de los REIT híbridos para participar en activos inmobiliarios e hipotecas puede resultar atractiva para algunos inversores. Los objetivos y el enfoque de inversión de cada inversor determinan en última instancia si invertir o no en un REIT híbrido.

La posibilidad de invertir en sectores específicos es crucial para que los inversores tengan en cuenta a la hora de determinar si invierten en un REIT híbrido. En determinados segmentos del mercado inmobiliario, como los activos residenciales o comerciales, los REIT híbridos pueden realizar inversiones. Un REIT híbrido, por ejemplo, puede decidir invertir en inmuebles residenciales, MBS residenciales e hipotecas residenciales. Los inversores pueden seleccionar el REIT híbrido que mejor se adapte a sus necesidades.

Una inversión REIT híbrida es comparable a una inversión eREIT o mREIT:

- **Bolsa de valores** - Una bolsa de valores nacional es el lugar donde los posibles inversores pueden encontrar acciones de REIT híbridos que cotizan en bolsa.
- **Asesor financiero o corredor de bolsa** - Para vender REIT híbridos que no cotizan en bolsa se recurre a intermediarios o asesores financieros. A través de esta vía, los inversores acreditados también pueden adquirir acciones de REIT híbridos.

Pedido de ayuda

Estoy encantado de que estés viajando conmigo en esta emocionante aventura de inversión inmobiliaria. Juntos, hemos cubierto mucho terreno explorando diversas estrategias, examinando las tendencias del mercado e identificando las posibilidades de creación de riqueza del mercado inmobiliario.

Tengo que pedirte un pequeño favor que beneficiará enormemente a personas como tú que desean convertirse en inversores inmobiliarios. Tu franca valoración de este libro puede servir de faro para personas interesadas en el sector inmobiliario pero indecisas a la hora de dar el paso.

Piensa en lo siguiente. Cuando alguien escuche tus comentarios, podría cambiar su mentalidad de "no estoy seguro de poder hacerlo" a "lo tengo; ¡vamos allá!". Puedes dar a otros la confianza y el conocimiento que necesitan para tomar decisiones sobre sus esfuerzos inmobiliarios compartiendo tu experiencia, pensamientos y conocimientos de este libro.

Es tan fácil como escribir una reseña, un gesto que sólo lleva unos segundos pero que tiene un gran impacto.

No es necesario hacer una reseña formal. Basta con que escribas unas frases en las que describas cómo este libro ha cambiado tu punto de vista, te ha dado consejos útiles o incluso te ha entusiasmado la inversión inmobiliaria. Tu sinceridad y tu perspectiva única pueden importar.

Estamos formando una comunidad de personas que comparten nuestros intereses, y tu aportación a través de tu reseña ayuda a cimentar esa conexión. Juntos, podemos animarnos y ayudarnos unos a otros, permitiendo que más personas inicien con éxito sus carreras inmobiliarias.

No puedo agradecerte lo suficiente tu disposición a ofrecer tus ideas. Tu opinión guiará a las personas que buscan dirección e inspiración en la inversión inmobiliaria.

Te agradezco sinceramente y te deseo mucho éxito en el sector inmobiliario.

Saludos.

5

Gestión de alquileres

Una de las decisiones más importantes que debe tomar un inversor cuando adquiere un inmueble de alquiler es cómo gestionarlo. Mientras que algunos propietarios optan por externalizar por completo la gestión de la propiedad, otros pueden hacerlo ellos mismos (DIY).

Aunque pueda parecer intimidante, es posible gestionar una vivienda uno mismo. En este capítulo se examinan las principales obligaciones de un propietario que lo hace todo él mismo y los seis pasos para gestionar una vivienda de alquiler.

Opciones de gestión de propiedades en alquiler

A los inversores inmobiliarios nunca les faltan opciones, y la gestión de una propiedad de alquiler no es una excepción. Hay tres métodos de gestión de la propiedad que los propietarios pueden utilizar:

Gestionar una propiedad por cuenta propia

La autogestión de una propiedad en alquiler suele ser la opción elegida por los propietarios con más tiempo libre. Para los propietarios que luchan con la delegación, hacer la gestión de su propiedad puede ser una solución viable.

Sin embargo, la gestión de los inquilinos puede llegar a ser estresante, y el incumplimiento de las normas de vivienda justa y de propietario-inquilino podría dar lugar a una demanda contra el propietario.

Pagar por servicios de gestión

Algunas empresas de gestión inmobiliaria permiten a los propietarios elegir los servicios que desean contratar. Para ayudar a un propietario que se lo monte él mismo a comercializar y mostrar una propiedad vacía, seleccionar a un posible inquilino y firmar un contrato de arrendamiento, varios gestores, por ejemplo, ofrecen un plan de "sólo arrendamiento".

La gestión inmobiliaria de pago por uso puede ser eficaz para algunos propietarios, pero si el propietario tiene un trabajo a tiempo completo o vive en otro estado, puede resultar complicado gestionar una propiedad de alquiler.

Contratar a un administrador de fincas a tiempo completo:

La tercera opción es no hacerlo uno mismo. Contratar a un administrador de fincas local competente para que se ocupe de los asuntos cotidianos, como el contacto con los inquilinos, el mantenimiento y las reparaciones, y las dificultades legales, puede merecer la pena el coste mensual.

Normalmente, una empresa de gestión inmobiliaria cobra una cuota mensual del 8% del alquiler mensual. Muchos propietarios consideran que es un coste insignificante para evitar las molestias de la autogestión de una propiedad.

Responsabilidades del arrendador

Algunos caseros son capaces y gestionan su vivienda de alquiler. He aquí las tres grandes áreas de obligaciones que los caseros que se dedican a hacer las cosas por su cuenta deben conocer antes de decidirse a hacer las cosas solos:

Gestión de inquilinos

La gestión de inquilinos exige un alto nivel de habilidades interpersonales. Naturalmente, los inquilinos quieren creer que su dinero se gasta bien.

Los propietarios deben ser capaces de gestionar las preocupaciones de los inquilinos con amabilidad y, al mismo tiempo, poner límites a las peticiones poco razonables (como pagar el alquiler después de la fecha de vencimiento sin incurrir en recargo por demora). Mantener una baja rotación de inquilinos y un flujo de caja saneado es a veces un delicado ejercicio de equilibrismo.

Entre las tres facetas legales de la gestión de inquilinos se incluyen comprender con cuánta antelación es necesario avisar antes de acceder a la propiedad, conocer la legislación estatal sobre propietarios e inquilinos y cumplir la Ley de Vivienda Justa. Una infracción de la ley puede acarrear fuertes multas o incluso acciones legales por parte del inquilino.

Gestión de la propiedad

En beneficio tanto del inquilino como de la zona, los propietarios deben mantener la propiedad segura y habitable.

Una estrategia eficaz para detectar problemas menores antes de que se conviertan en reparaciones importantes y costosas es realizar inspecciones proactivas de la propiedad. Por ejemplo, el mantenimiento estacional del sistema de calefacción y refrigeración y la limpieza de los canalones antes del comienzo de las temporadas de lluvia y nieve pueden ayudar a evitar reparaciones costosas que ascienden a miles de dólares.

Otro deber de la autogestión de una vivienda de alquiler es completar con el inquilino una lista de comprobación de entradas y salidas. Es más fácil distinguir entre el desgaste normal y los daños anormales si se documenta el estado de la casa antes de que el inquilino se mude y al final del contrato de alquiler.

Muchos estados permiten al propietario retener una parte de la fianza del inquilino para cubrir los daños que éste haya podido causar.

Gestión financiera

Los inversores inmobiliarios compran propiedades de alquiler para ganar dinero, idealmente cada mes. Gestionar el dinero llevando la cuenta de cada dólar ganado y gastado es una de las responsabilidades de un casero por cuenta propia.

Los pagos del alquiler, los recargos por demora y los depósitos de seguridad deben abonarse en la partida correspondiente del plan contable. Lo mismo ocurre con el pago de los servicios públicos, los impuestos sobre la propiedad, los seguros, las reparaciones y el mantenimiento, y otros gastos corrientes.

Cómo gestionar propiedades de alquiler

Examinemos ahora cómo los propietarios pueden gestionar eficazmente sus viviendas de alquiler. He aquí seis pasos para autogestionar un alquiler después de comprar una casa y dejarla lista para alquilar:

1. Determinar el precio de alquiler razonable del mercado:

Determinar el alquiler ideal puede parecer un arte y una ciencia. Un precio de alquiler demasiado alto disuadirá a los posibles inquilinos, mientras que un precio de alquiler por debajo del mercado puede reducir los ingresos.

A la hora de fijar el alquiler, hay que tener en cuenta la renta media per cápita y por hogar de la zona, los datos demográficos de los posibles inquilinos, como si son solteros o familias, el alquiler medio que cobra la competencia y las características del inmueble que justificarían un alquiler más alto, como un garaje grande o una piscina comunitaria.

Para comparar los alquileres de una vivienda, utiliza uno de los muchos servicios web disponibles. Al establecer un precio de venta justo basado en anuncios recientes, alquileres comparables y tendencias del mercado, pueden detectar posibilidades de aumentar el flujo de caja.

2. Comercializar la casa vacía:

Muchos inversores y administradores de fincas utilizan servicios online de listados de alquileres y selección de inquilinos creados especialmente para que los caseros puedan encontrar inquilinos adecuados. Con la ayuda de sitios web como Avail y Rentec Direct, los propietarios pueden: crear un anuncio de alquiler; enviar automáticamente los anuncios a los principales servicios de anuncios de alquiler en línea; recibir directamente pistas de posibles inquilinos; ofrecer solicitudes y servicios de selección de inquilinos en línea; solicitar informes de crédito, antecedentes penales y desahucios, cobrando al solicitante por el servicio; y crear y firmar un contrato de alquiler a medida para el estado en el que se encuentra la propiedad de alquiler.

Tras elegir a un inquilino y firmar el contrato, la siguiente fase consiste en cobrar la fianza y el primer mes de alquiler y reunirse con el inquilino en la vivienda de alquiler para finalizar la lista de comprobación de la mudanza.

3. Inspeccionar y mantener la propiedad:

Las obligaciones del propietario empiezan cuando el inquilino se muda. Habrá problemas de mantenimiento y reparación, y cuanto antes se resuelvan, más contento estará el inquilino y más probable será que renueve el contrato.

Puede ser una buena idea pasar de vez en cuando por la propiedad sin molestar al inquilino para comprobar si hay daños exteriores.

Es beneficioso inspeccionar regularmente el interior y el exterior de la vivienda de alquiler después de avisar al inquilino con la antelación necesaria para identificar pequeños problemas antes de que se conviertan en importantes y costosos.

Por último, realizar un mantenimiento anual del tejado, el sistema de calefacción y refrigeración, el calentador de agua y los electrodomésticos puede ayudar a mantener los gastos de capital por debajo del presupuesto y prolongar su vida útil.

Muchos propietarios que se lo montan ellos mismos elaboran una lista de las cosas que puede arreglar un propietario o un contratistas de bajo coste, crean una lista de contratistas asegurados y con licencia para realizar el mantenimiento de los sistemas de fontanería, electricidad y calefacción, ventilación y aire acondicionado, piden recomendaciones de proveedores fiables a otros propietarios cercanos y contribuyen regularmente a un fondo de emergencia o a una cuenta CapEx (gastos de capital) para evitar tener que endeudarse. Estas medidas ayudan a agilizar las reparaciones y permiten a los propietarios responder más rápidamente a las peticiones de mantenimiento de los inquilinos.

4. Cobrar el alquiler y cumplir las condiciones del contrato:

Los inversores compran propiedades de alquiler para ganar dinero, y para ganar dinero hay que cobrar el alquiler a tiempo y en su totalidad. Muchos caseros utilizan plataformas de pago de alquileres en línea como TenantCloud y Cozy para cobrar el alquiler el mismo día, con los gastos de tramitación pagados por el inquilino, en lugar de esperar a que llegue el cheque por correo.

Aumentar el cobro de alquileres es una excelente motivación para que los caseros acepten pagos online. La mayoría de los inquilinos prefieren pagar el alquiler por Internet y es más probable que lo hagan.

Los caseros deben estar preparados para imponer los recargos por demora especificados en el contrato si un inquilino no paga a tiempo.

Es probable que si un inquilino adquiere la costumbre de pagar tarde sin incurrir en recargo, siga haciéndolo. Debido a los problemas de liquidez del propietario, éste puede verse obligado a desalojar a un inquilino que habitualmente paga tarde.

5. Desalojar inquilinos morosos:

Incluso con el mejor procedimiento de selección de inquilinos, los desahucios son ocasionalmente necesarios para los propietarios.

Un desahucio residencial puede costar 3.500 dólares o más y tardar cuatro semanas o más en completarse. Un propietario puede tener que reparar daños significativos causados por el inquilino después de que desalojen, ya que no entran ingresos por alquiler.

Algunos propietarios adoptan un enfoque práctico y pagan al inquilino en efectivo a cambio de que devuelva las llaves y abandone la propiedad, en lugar de tirar el dinero bueno por el malo. Aunque pueda parecer ilógico, el dinero en efectivo por las llaves sirve para evitar un costoso desahucio y restablecer inmediatamente el flujo de ingresos de la propiedad alquilada.

6. Utilizar un sistema de contabilidad fiable:

El sistema de contabilidad ideal creará informes financieros precisos, incluyendo una cuenta de resultados y un informe de flujo de caja neto, así como un sistema para realizar un seguimiento de los recibos y otros documentos.

6

Invertir en propiedades con ánimo de lucro

El "flipping" consiste en comprar un activo para venderlo rápidamente y obtener un beneficio, en lugar de conservarlo para que se revalorice a largo plazo. El "flipping" se utiliza a menudo para describir las acciones de algunos inversores en ofertas públicas iniciales (OPI) y transacciones inmobiliarias a corto plazo.

Por lo general, "flipping" puede referirse a la compra de un activo con la intención de venderlo para obtener un beneficio, incluidos vehículos, criptodivisas, entradas para conciertos y otros artículos, aunque estos son los casos de uso más comunes en el sector financiero.

Cómo funciona el Flipping

En el sector inmobiliario, el término "flipping" se utiliza con más frecuencia para describir la compra de propiedades y su rápida venta (normalmente en menos de un año) para obtener beneficios. En el sector inmobiliario, el "flipping" suele referirse a una de las dos formas siguientes.

Los inversores inmobiliarios que buscan propiedades en mercados de rápida revalorización y las revenden con poca o ninguna inversión adicional en la propiedad física pertenecen a la primera categoría. En lugar de la propiedad en sí, se trata de un juego con las condiciones actuales del mercado.

La segunda categoría es la de las reparaciones rápidas, o "renoflip", en la que un inversor inmobiliario utiliza su conocimiento de lo que desean los compradores para aumentar el valor de propiedades infravaloradas mediante renovaciones y ajustes estéticos.

Encontrar propiedades para vender

Si estás dispuesto a iniciar este proyecto de forma independiente, es de suponer que tu primera preocupación sea: "¿Cómo descubro una propiedad para hacer flipping? En esta sección se analizan varios factores a tener en cuenta a la hora de buscar tu primera vivienda para hacer flipping, incluido lo que debes buscar y tratar de evitar.

Hacer flipping de casas es una de las estrategias más populares para generar flujo de ingresos en la inversión inmobiliaria. Encontrar una casa para flipping puede ser difícil, a pesar de que puede ser rentable. Aquí están algunas de las mejores maneras de localizar una casa para flipping.

Recurrir a un agente inmobiliario

En primer lugar, es crucial encontrar un agente inmobiliario que entienda el sector. Lo ideal es que esta persona conozca bien las estrategias de inversión inmobiliaria, especialmente el flipping de casas. El servicio de listado múltiple (MLS), que te proporciona una lista de propiedades asequibles como ejecuciones hipotecarias y ventas al descubierto, es accesible para los agentes inmobiliarios.

Reconocer tu mercado objetivo

Uno de tus primeros pasos debe ser identificar tu mercado objetivo para localizar posibles casas que vender. Los objetivos son encontrar una oferta fantástica en una casa que necesite reformas, realizar las obras y venderla por un precio igual o superior al valor de mercado. Estas comunidades suelen ser regiones en desarrollo con comodidades, como transporte público, lugares de ocio, zonas comerciales, opciones gastronómicas, viviendas asequibles e instituciones educativas de primera categoría.

Examinar las subastas cercanas

Cuando un prestamista ejecuta una hipoteca, la propiedad suele venderse en subasta. Puedes acceder a información pública en línea sobre estas subastas. La fecha y hora de la subasta deben figurar en el anuncio. Es uno de los métodos más fáciles de encontrar una casa para vender a un precio decente, pero necesitarás dinero en efectivo para comprar la propiedad en la subasta. Si utilizas esta estrategia, recuerda que es posible que no tengas tiempo suficiente para inspeccionar la casa antes de hacer una oferta. Considera la posibilidad de acudir antes si la subasta permite a los posibles compradores visitar primero la casa. Antes de la subasta, también puedes conducir por la zona de la propiedad y hacer una evaluación visual.

Buscar ejecuciones hipotecarias

Una casa se convierte en propiedad inmobiliaria (REO) si no se vende a un postor en la subasta. Esto significa que el prestamista recupera la posesión de la propiedad. Recuerda que la casa puede requerir una limpieza y reparaciones considerables.

Comprobar las ventas al descubierto

El prestamista puede considerar una venta al descubierto si un propietario necesita o quiere vender una casa que no vale lo que se debe. Esto indica que la casa se vende a un comprador por menos de la hipoteca pendiente. Aunque la casa requiera reparaciones importantes, estas viviendas pueden ser una buena inversión para los inversores inmobiliarios. Por ejemplo, si un propietario carece de medios económicos para comprar una casa, tampoco podrá permitirse el mantenimiento esencial. Las ventas en descubierto pueden consultarse en la MLS.

Otras opciones

Intenta conducir por los barrios deseables en busca de propiedades que parezcan vacías o necesiten reparaciones. Localiza al propietario utilizando los registros públicos y, a continuación, escríbele para expresarle tu interés por la propiedad. Algunos propietarios están ansiosos por vender pero desconocen el valor potencial de sus casas para los inversores.

Renovar propiedades para obtener el máximo beneficio

Estas son algunas de las prácticas recomendadas para aumentar el valor de tu inversión inmobiliaria, tanto si se trata de arreglar la casa y venderla como de comprarla y mantenerla para generar ingresos pasivos:

Concentrarse en habitaciones de alto valor

Céntrate en remodelar cocinas y baños bonitos en lugar de terminar los sótanos o ampliar el espacio de los armarios en los áticos, ya que la gente pasa aquí la mayor parte del tiempo.

Si es necesario cambiar la instalación eléctrica durante una reforma completa de la cocina, que incluye la sustitución de armarios, puede haber retrasos y costes más elevados. Para evitarlo, puedes volver a revestir los armarios con puertas nuevas y actualizar los electrodomésticos, herrajes, encimeras y salpicaderos, lo que te costará menos de la mitad que comprar e instalar armarios nuevos.

Reconsiderar los suelos de madera

Aunque muchas personas eligen los suelos de madera noble en lugar de la moqueta, el coste adicional de la mano de obra y las materias primas puede hacer que tu presupuesto para suelos supere los $20.000, lo que lo convierte en una opción inasequible para muchos inversores. El precio de un suelo de madera nuevo puede oscilar entre 3 y 8 dólares por pie cuadrado, dependiendo del tamaño de la casa.

Los suelos de vinilo modernos pueden instalarse en cualquier lugar de la casa, como la cocina, los baños, el salón, etc., si no puede recuperarse el suelo actual. Debido a su facilidad de limpieza y durabilidad, los futuros propietarios e inquilinos pueden preferir el vinilo a la madera noble.

Los detalles importan

Considera cómo puedes aprovechar las características actuales de la propiedad para aumentar su valor en lugar de sustituirlo todo. Si bien es probable que vuelvas a pintar toda la casa para darle un aspecto más contemporáneo, piensa en estas mejoras de gran impacto: cambia todos los interruptores de la luz y los enchufes por otros con el mismo acabado y color, actualiza todos los herrajes, considera la tendencia del negro total para reducir los costes de material y evitar acabados desparejos, añade elementos como un sistema de seguridad doméstica o un picaporte digital, etc.

Mejorar el atractivo de la acera

El atractivo exterior de una propiedad actualizada contribuye en gran medida a atraer visitantes a la vivienda, tanto si te dispones a venderla como a alquilarla. Los compradores gastarán un 7% más en una casa con un aspecto exterior mejorado que en una fachada descuidada. Actualiza los números de la casa y el buzón, retoca la pintura exterior o piensa en añadir un revestimiento de piedra a la fachada, pinta la puerta de entrada actual de un color nuevo y cambia los herrajes, arregla el patio o añade un hogar exterior, y arregla el jardín y el porche delantero. Puedes realizar estas pocas actualizaciones exteriores de gran impacto en tu inversión inmobiliaria.

Cómo empezar a vender propiedades

Comparar la compra de una propiedad de alquiler llave en mano con la venta de una casa implica ciertas diferencias.

Para comprar barato, debes tener un sólido conocimiento de las pautas del mercado. También hay que prever el precio de venta del inmueble sin dejar de obtener beneficios.

Para hacer flipping a una casa, debes seguir los cinco pasos siguientes:

1. Análisis del mercado:

Comprar barato y vender caro es mucho más fácil de decir que de hacer. A la hora de vender una casa, hay que elegir una propiedad con suficiente potencial alcista después de deducir el coste de las reformas para obtener beneficios.

Por lo general, las propiedades de clase media y trabajadora en barrios de 2, 3 y 4 estrellas son los mejores lugares para encontrar una casa para hacer flipping.

2. Estimaciones de costes para actualizaciones y reparaciones:

Los revendedores de éxito se concentran en propiedades que requieren pequeñas mejoras estéticas, como nuevos suelos o pintura, instalaciones de fontanería actualizadas, como fregaderos y grifos, y electrodomésticos de acero inoxidable. En comparación con la resolución de problemas estructurales, como una pared o unos cimientos dañados, para los que es necesario recurrir a un contratista general cualificado y obtener licencias municipales, calcular los costes de este tipo de reparaciones es considerablemente más fácil.

La regla del 70% la utilizan los inversores inmobiliarios que se ganan la vida vendiendo propiedades para determinar el precio de oferta más alto por una vivienda. Para determinar si una ganga tiene sentido, debes conocer el coste de las reparaciones y el valor después de la reparación (ARV). Por lo tanto, el precio máximo de oferta para una vivienda con la que se hará flipping se puede calcular utilizando la siguiente fórmula:

Precio Máximo de Oferta = Coste de Reparación - 70% del ARV

Si el ARV de una casa que estás pensando en vender es de $150.000 y las reparaciones necesarias cuestan $15.000, el precio de oferta más alto que podría hacer es de $90.000:

Precio máximo de oferta: $90,000 ($150,000 ARV x 70% = $105,000 - $15,000 Costo de reparación).

3. Acuerdos de financiación:

Utilizar todo tu dinero u obtener un préstamo de dinero duro a corto plazo son métodos viables para financiar un cambio de casa. Los inversores inmobiliarios convencionales que compran y conservan suelen utilizar el apalancamiento para aumentar el rendimiento total.

Por otro lado, los inversores que hacen flipping se esfuerzan por entrar y salir rápidamente de una operación y evitan acumular deudas o pagar intereses, ya que ello podría reducir sus posibles ganancias. Además, debido a la percepción de un mayor riesgo, la mayoría de los prestamistas convencionales no ofrecerán un préstamo sobre una casa con la que se hace flipping.

4. Conocer a los contratistas:

Cuando los contratistas, manitas y proveedores de materiales sepan que vas a generar un flujo constante de negocio, normalmente te ofrecerán mejores tarifas. Puedes reducir la posibilidad de que el coste de las reparaciones sea mayor de lo previsto creando una red de contratistas fiables y asequibles.

El precio de compra más el coste de las reparaciones por encima del valor justo de mercado de la vivienda es algo malo que puede ocurrir al vender una casa. Si eso ocurre, tendrás que vender la casa con pérdidas, algo que a ningún inversor inmobiliario le gusta hacer.

5. Comprar una casa para venderla:

El siguiente paso es firmar el contrato de compraventa una vez que hayas examinado detenidamente el mercado inmobiliario del barrio y hayas descubierto una propiedad que pueda ser rentable. Como ofreces una cantidad inferior al valor de mercado, los vendedores esperarán un acuerdo de compra con pocas condiciones y un cierre rápido de la operación.

El día que se cierra la operación, ten a tu equipo de contratistas preparado para empezar a hacer reparaciones. Cuanto antes termines las reformas, antes podrás vender la casa y ganar dinero.

Cómo maximizar los beneficios de las ventas

Una estrategia para vender una casa con la que estás haciendo flipping es conseguir un propietario que esté dispuesto a pagar más por una gran propiedad totalmente remodelada y actualizada. Para ello, es probable que tengas que poner la casa en la MLS local y pagar una comisión de agente inmobiliario del 5%-6%, lo que reducirá los beneficios de la casa.

Alquilar la propiedad a un inquilino es una decisión inteligente para sacar el máximo partido de tus posibles ingresos al vender una casa. Debes realizar una selección exhaustiva del inquilino y "testear" al inquilino asegurándote de que paga el alquiler puntualmente todos los meses durante varios meses.

A continuación, la casa puede ser listada en el Mercado Roofstock y comercializada a los inversores inmobiliarios elegibles como una propiedad de alquiler llave en mano. Las comisiones de venta son aproximadamente la mitad de lo que se pagaría a través de la MLS, y los inversores en propiedades de alquiler podrían estar dispuestos a pagar más por una casa que ha sido objeto de extensas renovaciones y está ocupada por inquilinos de calidad.

Aunque este método de venta alargará el periodo entre la compra y la venta de la casa, el dinero del alquiler del inquilino ayudará a cubrir los costes de mantener la casa durante unos meses más. Haz los cálculos utilizando ambos escenarios para determinar si el dinero que obtendrás vendiendo en Roofstock es mayor que vendiendo en la MLS.

7

Fiscalidad e inversión inmobiliaria

Es posible que desees invertir en bienes inmuebles por diversas razones. Cuando el valor de una vivienda aumenta con el tiempo, puede proporcionarte dinero a través de la revalorización, y si la alquilas, puedes generar ingresos pasivos. Además, es un método útil para diversificar tu cartera de inversiones.

Las ventajas fiscales de la inversión inmobiliaria incluyen la deducción de algunos gastos de las propiedades en alquiler. Sin embargo, los impuestos inmobiliarios pueden ser bastante complicados, como todo lo relacionado con Hacienda. A continuación se examinan las implicaciones fiscales de la inversión inmobiliaria, junto con las principales ventajas fiscales que conviene recordar.

¿A qué tipos de impuestos están sujetos los bienes inmuebles?

Tanto si eres propietario de un inmueble como si sólo eres un inversor, los tipos de impuestos a los que estarás expuesto cuando operes con bienes inmuebles pueden variar. Por ejemplo, si eres propietario de una casa o un apartamento y lo alquilas, tendrás que pagar impuestos sobre la propiedad a la administración local o estatal, así como impuestos sobre la renta y sobre las plusvalías si decides vender el inmueble para obtener beneficios.

Esto es muy diferente de la compra de bienes inmuebles a través de un fondo de inversión inmobiliaria (REIT), una sociedad limitada (RELP) o crowdfunding. Tú pagas impuestos sobre la renta individual, lo que no te obliga a hacer frente a la carga de ser propietario de una vivienda.

He aquí un resumen de los muchos impuestos en los que puedes incurrir si posees o inviertes en bienes inmuebles.

Impuestos sobre bienes inmuebles

Los gobiernos estatales y municipales recaudan anualmente impuestos sobre la propiedad o los bienes inmuebles para ayudar a pagar carreteras, escuelas, departamentos de policía y bomberos y otros servicios estatales y locales. La tasación de la propiedad, que incluye el terreno, los edificios y otras mejoras, suele ser la base para calcular los impuestos sobre la propiedad. Los tipos impositivos pueden variar según la ciudad y el estado.

Impuesto sobre los rendimientos netos de las inversiones

Los intereses y los dividendos son ejemplos de ingresos por inversiones procedentes de algunas estrategias de inversión inmobiliaria. Si ganas mucho dinero con las inversiones y eres una persona con ingresos elevados, tendrás que pagar el NIIT, que el IRS grava con un tipo del 3,8% a determinados ingresos netos por inversiones. Según la información facilitada por el IRS en su página web, quién debe pagar este tipo de impuesto depende del estado civil y de la renta bruta ajustada modificada (MAGI).

Impuesto sobre la renta de bienes inmuebles

Los ingresos por alquiler de inmuebles se denominan ingresos pasivos y están sujetos al impuesto sobre la renta ordinaria. Realiza la prueba de participación material para descubrir si participaste activamente en un negocio o si se trata de ingresos pasivos para asegurarte de que esto se ajusta a la definición del IRS de lo que se consideran ingresos pasivos.

Impuesto sobre Actividades Económicas

En ocasiones, el alquiler de inmuebles puede considerarse una actividad comercial o empresarial. Esto sólo ocurre si ofreces servicios más allá de los mínimos. Por ejemplo, puedes comprar una casa y convertirla en un bed and breakfast donde servir comidas y proporcionar ropa de cama a los visitantes.

Plusvalías

Puedes obtener plusvalías si vendes un bien por más de lo que pagaste. Tu base de coste es el precio de compra que pagaste por el bien más las renovaciones y los costes de adquisición, menos la depreciación.

Tu tasa impositiva determinará si se trata de una plusvalía a corto o a largo plazo.

La venta de propiedades poseídas durante menos de un año da lugar a plusvalías a corto plazo sujetas a las tasas normales del impuesto sobre la renta. Dependiendo de tu renta imponible total, las plusvalías a largo plazo se gravan a un tipo reducido, entre el 0% y el 20%, y corresponden a activos poseídos durante un año o más.

Impuesto sobre la Renta de las Personas Físicas

Si eres inversor y no posees ninguna propiedad, las ganancias por intereses tributan a la misma tasa que el resto de tus ingresos ordinarios.

Ventajas fiscales de la inversión inmobiliaria

La inversión inmobiliaria puede reportarte numerosas ventajas fiscales. Los siguientes aspectos de la inversión inmobiliaria pueden minimizar tu deuda tributaria y aumentar tu reembolso cuando presentes la declaración, tanto si inviertes en propiedades residenciales como comerciales.

Deducciones inmobiliarias

Las deducciones por bienes inmuebles son una excelente manera de reducir tu renta imponible. Normalmente, estas deducciones compensan los costes de dirigir un negocio y gestionar bienes inmuebles. En particular, las siguientes deducciones pueden ayudarte a reducir tus impuestos: Impuestos sobre la propiedad, intereses hipotecarios, seguros, costes asociados al mantenimiento de una propiedad, como los servicios públicos y el cuidado del césped, reparaciones de edificios, deducciones por oficinas en casa, publicidad, gastos de viaje y costes asociados a asuntos legales y contables, así como suministros empresariales como ordenadores portátiles e impresoras.

Dado que existen tantas deducciones fiscales, es esencial llevar un registro de los gastos pertinentes. Sin registros exhaustivos y recibos, es casi imposible reclamar deducciones. Además, tendrás que aportar documentación que justifique tus deducciones en caso de que el IRS te examine.

Amortización

Los inversores reciben un descuento por la rapidez con que las estructuras se deterioran con el tiempo cuando deducen la depreciación de la propiedad de su renta imponible. En concreto, recibirán la depreciación durante la construcción según el calendario del IRS. Las propiedades residenciales tienen actualmente una vida útil de 27,5 años, mientras que las propiedades comerciales tienen una duración de 39 años.

Tienes derecho a una deducción por depreciación cada año en función de tus propios bienes inmuebles. Digamos, por ejemplo, que posees un local comercial de 50.000 dólares. Su ubicación en el terreno es irrelevante. Si divides $500.000 entre 39 años, tu propiedad tendrá derecho a una deducción por depreciación anual de $12.820 cuando presentes tus impuestos.

Plusvalías

La venta de bienes inmuebles con beneficios genera impuestos sobre las plusvalías. Estos impuestos pueden dividirse en dos grupos: impuestos a corto plazo e impuestos a largo plazo. Como ya se ha dicho, las plusvalías a largo plazo son los beneficios de la venta de activos mantenidos durante un año o más, a diferencia de las plusvalías a corto plazo, que son los beneficios de activos mantenidos durante menos de un año. Dado que Hacienda considera las plusvalías a corto plazo como ingresos ordinarios, no pueden acogerse a exenciones fiscales. Por lo tanto, las plusvalías a corto plazo pueden hacer que subas en la escala impositiva más de una vez, aumentando tus impuestos sobre la renta.

Afortunadamente, las plusvalías a largo plazo conllevan ventajas fiscales. No cuentan como ingresos ordinarios y se gravan a una tasa más reducida que las ganancias a corto plazo. Si obtienes plusvalías a largo plazo, tu beneficio entrará en uno de los tres tramos impositivos siguientes: 0%, 15% o 20%. Si estás casado y declaran juntos y tienen unos ingresos anuales de $89.250 o menos, no tendrás que pagar ningún impuesto sobre las plusvalías a largo plazo.

Intercambio 1031

Tienes que pagar impuestos sobre las plusvalías por la venta de una propiedad de inversión por la que has deducido la depreciación e impuestos sobre la renta por todas las deducciones de depreciación anteriores. Mediante un intercambio 1031, puedes evitar este impuesto, conocido como recuperación de la depreciación. Si compras otra propiedad de inversión con un valor igual o superior a la que vendiste, puedes utilizar este beneficio para posponer el pago de impuestos sobre la venta de bienes inmuebles. Puedes utilizar las reglas del intercambio 1031 tantas veces como quieras, pero no olvides que tendrás que pagar impuestos si retiras los beneficios de una venta o utilizas el dinero para comprar una propiedad más barata.

Rentas pasivas y deducciones por traspaso

Puede ser elegible para una deducción por traspaso si operas tu empresa de bienes raíces como una empresa unipersonal, sociedad inmobiliaria, LLC, o S corp. Utilizando estos negocios de traspaso, puedes deducir de tus impuestos el 20% de los ingresos de tu empresa que cumpla los requisitos.

Considera el escenario en el que administras propiedades de alquiler a través de una sociedad inmobiliaria limitada. Ganas $25.000 al año con el negocio, por lo que puedes deducir $5.000 de tus ingresos cuando presentes la declaración de la renta.

Recuerda que la deducción por traspaso, una disposición de la Tax Cuts and Jobs Act, es válida hasta 2025. Después de ese año, no se te permitirá reclamar esta deducción si el gobierno no implementa ninguna nueva legislación en esta área.

Se incluye el impuesto FICA de los autónomos

Los impuestos FICA de los autónomos suelen ascender al 15,3% de sus ingresos. Los ingresos por alquiler, sin embargo, están exentos de esta normativa. Por lo tanto, si alquilas una vivienda, estás exento de los impuestos FICA.

Zonas de oportunidad

La Ley de Recortes y Empleos Fiscales también introdujo zonas de oportunidad para los inversores. Al comprar viviendas en zonas donde la economía atraviesa dificultades, se puede aplazar el pago de impuestos sobre las plusvalías si se vende el inmueble. Estas "zonas de oportunidad" gubernamentales a menudo requieren desarrollo y puestos de trabajo mejor pagados.

Las tres ventajas fiscales de invertir en una zona de oportunidad son las siguientes. En primer lugar, no tendrás que preocuparte por los impuestos sobre plusvalías hasta que vendas tu inversión en 2026. Además, si mantienes tu inversión durante cinco o siete años, recibirás un incremento del 10% sobre la base imponible de tus plusvalías y una bonificación del 15%. Por último, si inviertes durante al menos 10 años, puedes evitar totalmente el pago de impuestos sobre las plusvalías.

Cuentas de jubilación con diferimiento de impuestos

Una cuenta de ahorros sanitarios (HSA) o una cuenta de jubilación individual (IRA) que permita la inversión inmobiliaria es otro método para iniciarte en la inversión inmobiliaria. Los impuestos sobre las inversiones se pueden retrasar con estas cuentas hasta que saques dinero de ellas.

Estrategias para reducir los impuestos de las inversiones inmobiliarias

La inversión inmobiliaria es desde hace tiempo una estrategia de éxito para acumular riqueza. ¿Cuál es el secreto de la creación de riqueza mediante la inversión inmobiliaria? Reducción de impuestos.

Las rentas de la inversión inmobiliaria están sujetas a menos sanciones fiscales que las rentas ordinarias. Los inversores inmobiliarios expertos saben qué hacer para reducir sus obligaciones fiscales y aumentar sus beneficios.

Descubre 9 tácticas para reducir los impuestos y ayudar a los inversores inmobiliarios como tú a dirigir un negocio más rentable.

1. Mantén una propiedad durante más de un año:

Mantener propiedades durante más de un año es la primera medida que puede tomar un inversor inmobiliario para reducir su carga fiscal.

Si posees una inversión, como un bien inmueble, durante menos de un año y la vendes con beneficios, los beneficios tributan al tipo normal del impuesto sobre la renta. Si posees un bien durante más de un año antes de venderlo, probablemente puedas hacerlo a una tasa impositiva sobre plusvalías del 15%, que probablemente sea menos de la mitad de tu tasa normal. Además, si conservas un bien durante más de un año, puedes obtener más beneficios arrendándolo y vendiéndolo después, una vez que haya aumentado su valor.

2. Ten bienes inmuebles en una cuenta IRA autodirigida:

Probablemente ya estés familiarizado con el ahorro para la jubilación con ventajas fiscales si alguna vez has tenido un trabajo W2. Cada persona tiene una estrategia diferente en relación con los planes 401(k), las cuentas individuales de jubilación (IRA) y las IRA Roth.

Si eres un inversor que busca una desgravación fiscal, debes conocer las cuentas IRA autodirigidas. Las cuentas IRA autodirigidas pueden invertirse en diversos activos, como bienes inmuebles, y son custodiadas por un depositario.

Para comprar y poseer propiedades de inversión, probablemente necesitarás formar una LLC o corporación legal, trabajar con un custodio o negocio fiduciario y gestionar tu IRA autodirigida. De este modo, podrás realizar inversiones libres de impuestos en tu LLC y en tus propiedades.

3. Benefíciate de un intercambio 1031:

¿Qué pasaría si pudieras vender una casa para obtener un beneficio y evitar pagar impuestos sobre los ingresos?

Con un intercambio de la Sección 1031, es factible. El intercambio 1031, un "intercambio en especie similar", te permite transferir ganancias de una inversión inmobiliaria a otra. En cambio, tendrás que pagar impuestos sobre la renta o sobre las plusvalías si decides contabilizar tus ganancias como ingresos.

Lo mejor es que los intercambios 1031 te permiten reinvertir cada vez que vendes una propiedad y compras otra, lo que te ayuda a acumular riqueza al tiempo que reduces o evitas los impuestos sobre tus activos.

4. Aumenta tus deducciones fiscales:

La reducción de impuestos en la inversión inmobiliaria se refiere al aumento de tus deducciones. Casi todos los gastos inmobiliarios son desgravables. Afortunadamente, no sólo los grandes inversores inmobiliarios pueden beneficiarse de las deducciones. Siempre tienes la opción de elegir la deducción estándar si tus deducciones detalladas no son muy significativas.

5. Aprovecha la deducción por traspaso del 20%:

Los inversores inmobiliarios ahora tienen acceso a la deducción por traspaso del 20%, otro método de minimización de impuestos que se ha vuelto disponible recientemente.

Es posible que puedas deducir de tu base imponible un 20% de los ingresos de tu negocio inmobiliario gracias a las deducciones por traspaso de la Tax Cuts and Jobs Act de 2017 (TCJA), que permiten a algunos propietarios de pequeñas empresas deducir un 20% adicional de sus ingresos empresariales netos.

La TCJA también incluye las Zonas de Oportunidad, lugares identificados como carentes de negocios, y puede permitirle invertir en bienes inmuebles con una menor carga fiscal.

6. Pide prestado en lugar de vender para revalorizar:

Supongamos que compras una propiedad y la conservas durante cinco años. Si mantienes y cuidas tu activo adecuadamente, deberías tener una plusvalía de algo que vale más que hace cinco años. Aunque vender para aprovechar la revalorización puede ser tentador, los inversores inmobiliarios astutos piden préstamos sobre activos que se revalorizan para reducir sus obligaciones fiscales.

Puedes pedir prestado dinero contra el activo y deducir los pagos de intereses en tus impuestos. Tu riqueza y tu acceso al dinero aumentarán a medida que tus inquilinos puedan pagar el préstamo y tu propiedad se revalorice.

7. Realiza una venta con plan de pagos:

No es necesario cobrar y pagar impuestos inmediatamente después de vender una casa. En su lugar, piensa en vender a plazos para reducir tu obligación fiscal.

Un cliente compra tu propiedad mediante una venta a plazos y realiza los pagos a lo largo de varios ejercicios fiscales. Hacer esto te permite categorizar tus ganancias como plusvalías a largo plazo en lugar de a corto plazo. En última instancia, las ventas a plazos te ahorran dinero, ya que las plusvalías a largo plazo tributan a una tasa reducida.

8. Evita pagar impuestos dobles FICA:

La Seguridad Social y el Seguro Médico se financian con los impuestos FICA, que son impuestos sobre el empleo. Empresarios y empleados pagan cada uno el 7,65% en impuestos, y los autónomos son responsables de pagar el 15,3% de sus ingresos por inversiones inmobiliarias en impuestos.

Esto podría evitarse. No quieres ser etiquetado por el IRS como un comerciante o alguien que principalmente posee una propiedad para venderla si eres un inversionista de bienes raíces.

En su lugar, demuestra la intención de invertir para evitar la condición de concesionario y la doble imposición de impuestos FICA. Demuestra que estás vendiendo propiedades para conseguir dinero para otro tipo de inversiones, incluido un pago inicial o cuotas de mejora. También puedes pensar en crear una entidad legal con la ayuda de un contador, como una sociedad, LLC o S-corp, que tiene diferentes expectativas fiscales.

9. Deprecia propiedades:

Los inversores inmobiliarios pueden buscar la revalorización, pero hacerlo conlleva costes porque un mayor valor de la propiedad se traduce en mayores impuestos sobre la propiedad.

Al depreciar tu propiedad, puedes mitigar las implicaciones fiscales de la valorización. Una parte del valor de construcción de tu propiedad puede amortizarse cada año. También puedes depreciar las mejoras de capital, lo que te ahorrará dinero hasta que vendas la propiedad y tengas que pagar por la recaptura de la depreciación.

Conclusión

Los bienes inmuebles pueden ser una inversión inteligente con capacidad para generar ingresos constantes y aumentar el patrimonio. La iliquidez, o la relativa dificultad para cambiar efectivo en un activo y un activo en efectivo, sigue siendo una desventaja de la inversión inmobiliaria.

A diferencia de una transacción de acciones o bonos, una operación inmobiliaria puede tardar meses en cerrarse, y puede finalizarse en cuestión de segundos. Encontrar la contraparte ideal puede llevar semanas, incluso con la ayuda de un corredor. Por supuesto, los fondos de inversión inmobiliaria y los REIT ofrecen mayor liquidez y precios de mercado. Pero como tienen un vínculo considerablemente más fuerte con el mercado bursátil general que las inversiones inmobiliarias directas, tienen el coste de una mayor volatilidad y menos ventajas de diversificación.

Mantén unas expectativas razonables, como con cualquier inversión, y estudia y haz los deberes antes de tomar una decisión.

El sector inmobiliario ha demostrado repetidamente ser un instrumento de inversión muy rentable. Pero una de las mayores dificultades de entrada es entender cómo invertir en el sector inmobiliario. La buena noticia es que todo el mundo puede aprender a invertir en bienes inmuebles; todo lo que hace falta es dedicar tiempo a la autoformación. Esta es la razón por la que hemos creado esta guía especial para principiantes. Sea cual sea tu punto de partida, no hay ninguna justificación para que los bienes inmuebles estén fuera de tus límites. Se puede acceder a un profesional inmobiliario de éxito a través de varias estrategias de inversión. Encuentra la mejor estrategia para ti tomándote el tiempo necesario para estudiar la inversión inmobiliaria para principiantes.

www.ingramcontent.com/pod-product-compliance
Lightning Source LLC
LaVergne TN
LVHW010841051026
849532LV00007B/2778

* 9 7 8 9 9 2 5 3 8 0 5 2 7 *